理解

现实

困惑

程度
PSYCHOLOGY

向心理学家提问

心理学研究什么？
心理学家在做什么？

彭聃龄　丁国盛 ——— 著

中国纺织出版社有限公司

赞　誉

白学军

天津师范大学副校长、心理学部部长

教育部长江学者特聘教授

中国心理学会原理事长

《向心理学家提问》一书，让人读了爱不释手。作者一老一青皆是国内外著名的心理学家，年龄加起来已过百，但仍有一颗赤子之心，以对心理学极端热爱之情和向大众普及科学心理学之愿，深入浅出、科学准确地回答了现实生活中的心理学问题，让人读后耳目一新！

刘嘉

清华大学基础科学讲席教授、心理学系主任

北京智源人工智能研究院首席科学家

在北京师范大学的认知神经科学与学习国家重点实验室有一个令人羡慕的组会：彭聃龄老师退休后，十年如一日，每周都和他的弟子丁国盛等一起，聊聊学术的困惑、教学的心得和生活的趣事。作为他们的前同事，我非常好奇他们聊了些什么、争论了些什么、得出了些什么。今天，我终于看到了从这个传奇组会上聊出来的书，一本关于心理学研究什么、心理学家在做什么的书。对于心理学爱好者，这本书通过通俗易懂的故事与漫画带你领略心理学的全貌；对于专业人士，书中独特的洞见将为你带来全新的研究灵感。由此，你也可以加入这个传奇的组会，一起探索心智的奥秘。

陈俊

华南师范大学心理学院教授、博士生导师、心理学系系主任
全国第四届教育硕士专业学位优秀指导教师
广东省优秀社会科学普及专家

彭聃龄于心理学人而言，毋庸置疑是九鼎一举之学界泰斗。作为每年手捧《普通心理学》进入本科生、研究生课堂的老师，我怀揣敬畏引领心理学子们步入心理学科大门，面对学生的良心拷问——满大街的心理学家，我如何能分辨？心理学家与心理医生的区别在哪？面对学生的灵魂追问——学习心理学真会让人更幸福吗？心理学家似乎无所不能，是吗？我们与学生一样会迷茫……读着彭聃龄、丁国盛师徒二人的对话新作《向心理学家提问》，我似乎身临其境——"心理学大讲堂"上鹤发童颜的老者与意气风发的青年在对话，蛮有意思，很有趣味，超有温度，深入浅出，娓娓道来！翻着书，听着对话，"过瘾""很过瘾""超级过瘾"！《向心理学家提问》不是教材，不是教辅，不是教参，它是修读，它是审问，它是恳谈！彭聃龄教授惜字如金，著作寥寥，然而每一本发行量之大，难有来者。米寿之年再出新著，拜读拜读！

苏彦捷

北京大学教授、博士生导师
教育部高等学校心理学类专业教学指导委员会秘书长
中国心理学会候任理事长

《向心理学家提问》是彭聃龄老师和丁国盛老师倾心打造的科普新作。彭先生和国盛老师是全国著名心理学教材《普通心理学》的主编和主要编撰人，具有深厚的心理学素养和知识。他们通过回答问题的形式，对心理学的基本问题和基础概念做了简明阐释，从心理学浩瀚的知识海洋中，提炼出精华的部分，点石成金。对公众关心的一些心理学问题，两位作者也各自给出了富有启发的回答。全书语言质朴、生动，逻辑严谨，文笔细腻，可谓于寻常处见功力，于细微处见

真章。阅读本书可以帮助喜欢心理学的读者澄清对心理学的常见误解，并启发兴趣；也可以帮助有一定心理学专业基础的读者快速了解心理学当下的取向和未来的趋势，激励思考。

张积家

中国人民大学二级教授、博士生导师
中国心理学会民族心理学专业委员会原主任
广西师范大学特聘教授

彭聃龄教授和丁国盛教授师徒合写的《向心理学家提问》是我迄今为止见过的最好的心理学普及读物。该书有诸多创新：一是问题导向，为读者释疑解惑，以人们经常碰到的与心理学有关的问题来组织内容，让大众知道心理学是什么，心理学研究什么，心理学家在做什么，他们发现了什么，这些发现有何意义和启示，行文妙趣横生，让人读起来欲罢不能；二是理论与实践密切结合，立足当代，深入生活，传授知识，启发思考，提升个体的社会适应性；三是学术民主，师生对话，表达各自的看法，让读者去评判，去鉴赏。书的内容丰富又不显繁杂，体系完整又不显僵化，融心理学知识于娓娓道来中。相信该书出版会大受读者欢迎，对心理学知识普及能够起到非常好的作用。

林丹华

北京师范大学心理学部教授、博士生导师
教育部高等学校心理学类专业教学指导委员会副主任委员
中国心理学会学校心理专委会副主任委员

本书是我国心理学泰斗级人物彭聃龄先生为大众撰写的一本极具广度和深度且雅俗共赏的心理学通俗读物。彭老师以其宽阔的视野、对心理学独到的见解、深厚的心理学积淀，通过与同为心理学家的丁国盛老师的对谈，娓娓道来心理学的基础问题，真切回应大众关心的诸多问题，使读者如沐春风，对心理学及其在人和社会发展中的作用有了全面、正确的了解，建立起心理学与自我、他人、社会之间的有效联结。书中彭老师的亲切、智慧和丁老师的活泼、敏锐相互辉映，读来如与智慧长者促膝长谈，又如与知己好友尽情交流，让人在不知不觉中走入了心理学的殿堂，实在是一本难得的"大道至简"的好书！

周晓林

教育部高等学校心理学类专业教学指导委员会主任委员

华东师范大学心理与认知科学学院院长

彭聃龄先生是我的老师，二十年前我曾有幸在彭老师的带领下获得教育部自然科学奖一等奖。老骥伏枥，志在千里。现在彭老师年事已高，但初心不改，还在为中国的心理学事业操劳。眼前这本书，就是彭老师向大众介绍心理学的精心力作。我相信，这本书能在众多类似书籍中脱颖而出，不仅是因为彭老师崇高的学术地位，更是因为彭老师把知识的科学性融于阐述的趣味性，读后会激起更深的思考、更密切的个人联系。

推荐序

走进心理学，先和心理学家们聊聊

很高兴收到彭聃龄老师和丁国盛老师的科普新著，颇受感动。彭老师是我一向尊敬的前辈师长，也是将其一生都奉献给心理学事业的标杆楷模。如今彭老师在耄耋之年仍笔耕不辍，孜孜不倦地进行心理学科普工作，着实令人敬佩。

读完本书，有四点感想与读者分享。

首先，本书的目标是澄清误解、正本清源。阅读本书有助于读者消除对心理学的种种误解，正确认识"心理学研究什么"。

在很多人眼里，心理学始终蒙了一层神秘的面纱。更有甚者，认为心理学和卜卦算命差不多。澄清对心理学的误解特别需要有良好心理学专业素养的人站出来，以通俗、易懂和有趣的方式把相关问题说清楚、讲明白。资深权威的彭老师与年轻有为的丁老师，两位心理学家联手来做心理学科普，本身就是一件非常有意义的事。

书中用了很多篇幅来解释什么是"科学心理学"、心理学的"科学性"如何体现、心理学的"边界"等,让心理学褪去层层面纱,呈现出本来面目。

其次,书稿内容涵盖了心理学各领域的基本知识和基础概念。阅读本书有助于读者快速步入心理学殿堂,了解"心理学家在做什么"。本书知识点选取多而不杂,从认知、情感、动机、心理发展、社会心理、心理咨询,到爱情与婚姻心理学、积极心理学等内容,基本涵盖了心理学的各个重要领域。借由此书,读者能够轻松地了解心理学的基本内容和研究范围,同时避开了心理学教材中不易理解的概念、公式和理论等。

再次,本书的涉猎范围并不限于心理学本身。阅读本书有助于读者了解心理学和其他学科的关联与互动,更全面地认识心理学。除了介绍心理学的学科知识,书中的话题也涉及其他相关领域,比如最近大火的 ChatGPT、GPT-4、机器智能是否有意识、心理学和文学在研究语言中有何差异,以及同样是研究"心",心理学和哲学、文学的学科路径有何不同等。因此,读者能在一个更广阔的视野中建立起对心理学的宏观了解,进而全面认识心理学的学科坐标、地位和作用。

最后,本书的内容组织和设计编排也颇有特色和亮点。阅读本书会令读者感觉比较轻松愉悦。本书以"问题"为引领,通过回答问题的方式来呈现相关知识点,能够让读者迅速抓住每节内容的焦点和要点。在问题类别上,既包含了基于学科自身的知识系统提出的问题，也有大众比较关心的问题。因此，作为一本科普读物，不仅介绍了心理学基础知识，而且满足了大众对心理学的好奇。通过这样一种聊天式的交流，读者可以与作者一起近距离地讨论、感受和领会"心理学"。值得一提的是，书稿还配了有趣的漫画，大大提升了"悦"读效果。

总之，这本书雅俗共赏，不仅对喜欢心理学且希望快速了解心理学的读者多有助益，而且对心理学研究者也颇有启发，故向读者推荐。

傅小兰

中国科学院心理研究所所长、研究员

中国科学院大学心理学系系主任、教授

中国心理学会原理事长、原秘书长

2023 年 3 月 16 日

序　言

心理学的边界

这是一本通俗读物，献给那些喜欢心理学并想快速了解心理学的读者，希望你们能够看得懂，喜欢它，并对你们生活中遇到的一些问题有所帮助，甚至，有朝一日你们也能走进心理学的学术殿堂。

大约在 7 年前，我们就有了写一部心理学通俗读物的愿望，并于 2017 年编写了《心理学纵横谈》一书。但是，由于当时在编写中我们只考虑了读物的通俗性，却没有对"读者"进行明确定位；我们希望做到"雅俗共享"，在材料的取舍上没有充分考虑"初学者"或"入门者"的知识背景；在写作思路上，也没有完全摆脱"教材"的框架，所以整本书写下来成了一本简编教材式的读物，读起来不生动活泼，缺乏足够的吸引力。这些问题都直接影响到成书的效果。

后来，在关雪菁、王羽两位编辑的帮助和推动下，我们下决心进行了一次大的修订和调整，从内容、结构到写作风格，都来了一次进化与更新。这才有了今天的样貌。

心理学，不能包打天下

这本书重点回答两个大众关切的问题：心理学研究什么？心理学家到底在做什么？简单来说，心理学是研究心理现象和行为的一门科学，心理学家，即 psychologist，就是从事心理学研究的一批人。但心理学和心理学家不能包打天下，并不是所有心理和人心的问题他们都有能力涉足。哲学、医学、社会学、逻辑学和文学等学科，也都关心"人心"的问题。如哲学关心人心的善恶、人的认识和外间世界的关系；医学关心人体以及与人的健康有关的各种因素，其中包括精神疾病；社会学关心个人和群体的关系，主要是人的适应问题，其中包括心理的适应；逻辑学则是关于正确思维和推理的一门学科，怎样做才能使思维更加缜密和精确，它和心理学的关系也很密切；文学用语言文字描述和表达人的思想和情感，一部好的文学作品像锋利的匕首，能解剖人心的奥秘……这些学科因其对"人心"的理解有不同的视角，走进"人心"的途径也大不一样。

人心是多方面的、复杂的。心理学只研究心理的过程，而不研究它的内容。例如，它研究思维，只研究思维的过程、语言与思维的关系，而不研究人想的是什么、哪些想法正确、哪些想法不正确；它研究人的情绪，但只关注情绪有哪些种类、情绪是怎样产生的，而不关注人具体喜欢什么或厌恶什么；它测量人的人格和智力，而不关心具体到个体有什么样的人格、用智力去解决何种问题、是否取得成功等。这些区别如果讲不清楚，心理学（准确地说，是心理科学）肯定会被大众极大地误解。

由于心理学涉及的内容范围很广，初学者刚接触心理学时，容易像盲人摸象一样，把了解或熟悉的所有心理相关主题理解为心理学。一方面，许多人由于不了解心理学的研究对象，认为心理学应该研究"心理"的所有方面，如不少人觉得心理学和算命先生一样，能"回答"有关人心和命运的所有问题，夸张了心理学的研究范围和功能性；另一方面，又有人认为心理学只研究"梦的解析"，或只研究心理疾病，缩小了心理学的研究范围，把心理学等同于心理治疗、心理咨询。因此，知道了心理学研究什么、心理学家在做什么，即弄明白了心理学的边界问题，对大家正确了解心理学至关重要。

两类问题很重要

在本书中，我们以回答问题的方式组织相关内容，所回答的问题分为两类。一类是心理科学的基础问题，这是从浩瀚无边的心理学知识海洋里，从科学的知识体系中提炼出来的，包含 6 大方面 50 个问题：如认知、动机、情绪、智力、人格、个体心理发展、社会心理、心理咨询、爱情与婚姻心理学、积极心理学等。了解了这些知识，就知道了心理学的基本内容。一类是大众关心的问题，由编辑收集整理并向本书的两位作者提问。这些问题五花八门却是真实存在的，又不完全是心理学研究和解决的严谨科学问题。例如，媒体上出现的心理专家们，到底哪些是心理学家，哪些不是呢？心理学家怎样看待许多年轻人都有的"白天没精神，晚上睡不着"的生活状态？……问题提出后，我们两个人，一人采用了口头回答的方式交流，另一人则在第二天给出书面答复，这个交流过程产生了奇妙的化学反应。因此，在本书的编排上，也是一人先从大众关心的角度作答，另一人再从学科的角度进行补充。回答这些问题，是一种尝试和挑战，大部分问题也并没有标准答案，更多是作者的个人观点。但我们希望能够借此和读者进行一种交流和沟通，因而不揣浅陋地说出我们的看法，和读者一起探讨。

提升阅读趣味性的同时，不失学科的严谨性

在书的表达形式上，我们结合各部分的特点，设计了不同的趣味漫画，力图演绎出大众对心理学的误解和不理解，以及作为心理学研究者常常遇到的尴尬时刻。由于我们的水平有限，对什么才是大众最关心的问题、最喜爱的方式，还需要持续地深入了解和探索。这次的写作可能是一个尝试，但我们希望能获得更多读者的认可！衷心感谢支持这本书的每一位读者。

彭聃龄　丁国盛

2023 年 2 月 14 日

目录

CONTENT

第一编
心理学是什么

第二编
我们如何认识世界

第三编
我们如何认识自己

第四编
人是如何成长的

第五编
如何在群体中更好地生活

第六编
如何让心理更健康、
生活更幸福

心理学是什么

心理学家都是算命先生吗？
会催眠术吗？
能施展读心术吗？

Q

术业有专攻

A

少数会催眠，
算命、读心大概都不成。

我是科学

01

心理学研究什么？

　　1879 年，德国著名心理学家威廉·冯特（Wilhelm M. Wundt, 1832—1920）在莱比锡大学创建了第一个心理学实验室，开始对心理现象进行系统的实验研究（图 1-1）。在心理学史上，人们把这个实验室的建立，看成是心理学诞生的标志。心理学从此脱离哲学的怀抱，走上了独立发展的道路。

　　心理学是科学大家庭中的一员，它研究的对象是心理现象和行为。**心理现象**是世界上最复杂的一种现象，也是人类感同身受的一种现象。当一个孩子刚刚出生时，他就有各种不同的需要，不仅会啼哭、吃奶，而且会看、会听、会笑；随着孩子身体的发育，他学会了说话、阅读，能记住大量的事情；能思考问题、解决问题，独

图 1-1 冯特，德国著名心理学家，心理学的创始人

立做出判断，有了自己的见解和决策，也慢慢形成了对事、对人、对自己的态度，有了喜好和厌恶，有了自己的个性和特长。这里所说的需要、看、听、笑、记忆、思考、说话、阅读、解决问题、做出判断、进行决策，对事、对人、对自己的态度，喜好和厌恶等，都是心理现象。

心理学主要研究人的心理现象和行为。每一个健康的人都有自己的心理世界，即各种各样的心理现象以及由它支配的行为，在不少情况下，还能够"意识"或"觉察"到自己的心理现象——高兴的时候，知道自己在高兴；生气的时候，知道自己生气了；能用语言描述别人的心理，也能用语言描述自己的心理。这就是为什么一些即使没有系统学过心理学的人也能滔滔不绝地描述心理现象、著书立说，其实他们凭借的都是个人的心理经验，而不是真正科学的心理学研究。

心理学也研究动物的心理现象和行为。心理学研究动物的心理和行为，有两个作用：①了解人的复杂的心理现象是怎样从动物的心理现象进化的；②当某些现象不宜直接用人来研究时，如需要观察某种药物的心理作用，或需要通过外科手术进行研究时，经常采用动物来研究。这就是我们所说的建立研究人的心理的"动物模型"。在心理学的研究中，科学家们用得最多的动物有狗、猫、猩猩、老鼠和果蝇等，这些动物对研究人类的心理做出了重要的贡献。

由冯特创立的以实验为基础的心理学，通常被称为科学心理学。在科学心理学诞生之前，学者对人类心理现象的研究，都是凭借观察自己和别人的心理现象和行为来进行的。这种心理学研究以个人经验为基础，我们有时称它为"常识心理学""经验性心理学"或"生活智慧"。这类研究，古代有，现代依旧有。这类研究缺少统一的概念系统，不同人对同一个概念常常会有显著不同的理解。比如，基于个人经验对心理现象进行内省或观察，其结果常常受到观察者自身经验的影响，难以重复或得到他人的验证，既不能证实，也无法证伪。凭借经验得到的结论有时甚至是错误的，像我们的错觉现象，是和人们直接看见的东西（直接经验）不同的，"眼见未必为实"。再有，人凭借内省和自我观察，只能了解某些意识层面的东西，而许多意识不到的东西，如颜色知觉的发生过程、人对语言的理解过程、人在记忆事物时内在的心理结构，这些过程只靠内省和观察人的外显行为是无法了解的。

19世纪末，随着实验方法的引进和心理测量方法的采用，心理学才走上了科学发展的道路。正是这两种方法使我们有可能探测到人的心理世界的某些内部结构和过程，使心理学的研究结果有可能得到重复验证。在客观研究心理现象的基础上，也有可能建立起统一的心理学概念体系。正如冯特所说的："科学的进展是和方法学上的革命紧密联系在一起的，而在取得了重大结果的地方，我们可以确信，它们都是以方法上的改进或者以新的方法的发现为前提的。"

将实验方法系统引进心理学的研究，是科学心理学诞生的一个最重要的标记，也是心理学脱离哲学走上独立发展道路的重要标志。

02

什么是心理现象？

　　什么是心理现象？心理现象和物理现象、生理现象等有什么区别呢？

　　大家都知道，人类生活在地球上，生活在太阳系中。太阳发出的电磁波，就是我们所说的太阳光。电磁波的波长不同，光线的特性也不同。世界上的万事万物，生物和非生物都会直接或间接受到太阳光的影响。有些是物理现象，有些是化学现象。但是，当太阳光作用于人类的眼睛，被眼睛所接收，并传送到大脑中，引起不同的颜色视觉，这就是心理现象了。如在一定范围内，太阳光的长波引起红色和橙色的视觉；短波引起蓝色和紫色的视觉等。在地球上出现人类以前，太阳的辐射就已经存在，说明物理现象是客观存在的，而人的颜色视觉却是人脑的功能，是一种主观的现象。色盲者缺少接受某种光波的感光细胞，他们的颜色视觉就有缺陷；有些动物不具有人类的眼睛，它们也只能生活在黑白世界中。这都说明颜色视觉是一种主观的心理现象，不是所有具备脑的动物都具有的，也不是视觉异常的人具有的。

心理现象依赖于人的生理器官，特别是脑。但是心理现象也不等同于生理现象。例如，人的一日三餐，食物从口腔进入，经过胃肠消化，供给全身营养，这些活动是生理活动。但是，当人缺乏食物时产生饥饿感，或肠胃有毛病时产生疼痛，就是心理现象了。饥饿和疼痛是一种主观体验，是体内的某些刺激作用于人脑产生的，这是心理现象的特点。19世纪末，科学家曾经记录了一位脑外伤病人盖奇的身心变化。他是一位建筑工人，在工地进行爆破作业时，被一根铁棍击穿了头部，造成了头部额叶部位的严重损伤，这种损伤是身体的损伤（见图2-1）。但是由于这种损伤，他的自我控制能力被破坏，人格特性出现了巨大的变化。盖奇以前是一位脾气好、待人友善、会顾家的人，但在脑损伤后，他的行为举止渐渐变得异常起来，成了一位专横、傲慢、顽固、对旁人漠不关心的人。人格特性和行为举止的这些变化是由脑损伤引起的心理变化。

心理现象具体有哪些特点呢？

首先，心理现象是脑或神经系统的功能。脑或神经系统是心理现象产生的物质基础。在科学还不发达的古代，人们观察到人在高

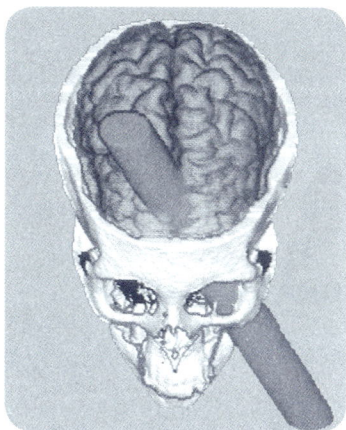

图 2-1　盖奇的脑损伤

兴或悲伤时，心脏会出现异常的活动，因而错误地认为心理是心脏的功能。以后随着科学的发展和进步，大家才认识到心理现象和脑的关系。

在物种进化的过程中，动物的脑和神经系统不断进化，从简单到复杂，它们的心理活动和行为也相应地复杂起来。比如，果蝇是一种昆虫，它的脑子只有 10 万个神经细胞（见图 2-2），而人脑却有 860 亿个神经细胞。细胞的数量不同，由这些细胞构成的神经网络的复杂程度就更不同了。复杂的神经网络是实现人脑各种心理功能的基础。比如，脑有一个异常复杂的视觉系统，因此人才能分辨人脸的差异、文字的差异；脑有一个同样复杂的听觉系统，因此人才能接收音乐和言语的声音；脑有一个复杂的体感和运动系统，因此人才能完成各种劳动和运动技能，包括完成"挑战极限"的各种运动。没有脑、没有神经系统，能不能产生心理现象？这是一个很

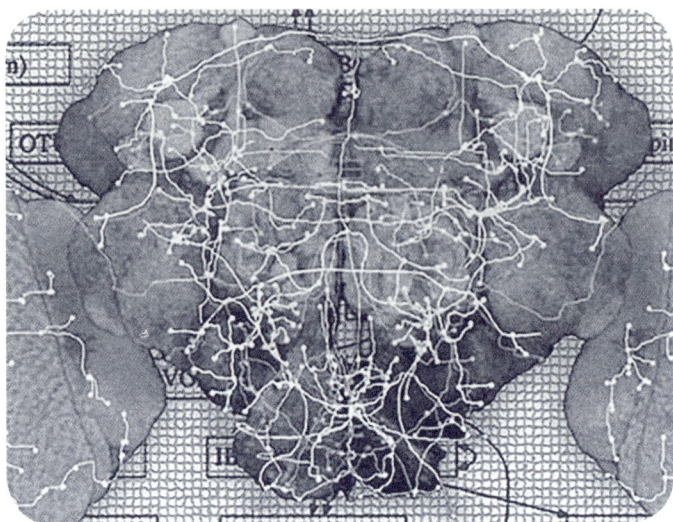

图 2-2 果蝇的脑（它的细胞数只有人脑的 1/86）

复杂的科学问题，现在还没有结论。但脑和神经系统在心理现象的产生和发展中有重要作用，是大家的一个共识。

其次，心理现象既是主观的，又是客观的。心理现象看不见，摸不着，没有重量、体积和大小，不具有物理现象的许多属性，如广延性等，它只是人的一种主观感受和体验。我说我认识你，非常赞赏你的为人，这都是我心里想到的东西，如果我不说出来，别人是不知道的。另一方面，心理现象又是客观的。我们的认识、情绪等内在感受和体验都和外部世界有关，心理活动是在内、外刺激的作用下产生的，通过内、外行为（反应）表现出来。我饿了，会想办法找东西吃；我困了，会找地方休息或睡觉；我喜欢一个人，会在表情上显露出来；我认识你，会主动和你打招呼。总之，心理现象不仅能支配行为，还会通过行为表现出来，通过可以看见、可以听见、可以度量的行为表现出来。因此通过测量行为，我们就能够探测人的内部的心理活动。

再次，心理现象还能在环境的影响下得到不断发展。例如，孩子通过学习和训练可以完善自己的思维和记忆能力，老人通过学习和训练可以延缓认知老化等。心理现象的这个特点和人脑的可塑性有关。

最后，心理现象具有复杂的个体差异，包括年龄差异、性别差异、种族差异和个体之间的差异等。这种差异和人的遗传特性有关，也和人的生存和发展的环境有关。对人来说，社会环境、文化传统在人的心理的形成和发展中具有特别重要的意义，对个体差异的形成也有巨大的作用。就人的能力来说，有人长于绘画，有人长于舞蹈，有人长于体育运动，有人长于社交，有人长于阅读，有人长于写作，有人具有很强的组织才能等。这里既有遗传的作用，也有环境的作用。每个人的心理面貌、特点和特长都是遗传和环境交互作用的结果。多样性是人的心理的重要特性。俗话说，人心不同，各如其面。其实心理的个体差异要比人脸之间的差异更复杂。在教育工作中，要因材施教，一把钥匙开一把锁；在职业生涯中，要充分发挥每个人的特长，做到人尽其才，也是因为人的心身存在巨大差异。

彭聃龄 教授　　　丁国盛 教授

向 心 理 学 家 提 问
· ·

了解人心的学问就是心理学吗?

· · · · · · ·
丁老师说
· · · · · · ·

这个问题，我是这样考虑的。首先，心理学研究的范围其实比较窄，有很多其他的学科也希望了解人心，像哲学。所以，心理学实际上是试图了解人心的学问中的一个门类，它的特点是隶属于科学。

但是，试图了解人心的不仅仅是科学这一条途径。比如中国传统文化里面，包括佛学、儒家学说，很多的内容都是和了解人心有关的。宋明之后，儒家发展为理学、心学，尤其是心学，它属于理学的一个分支，但它更突出地强调"心"的作用。也有人把佛学看成是心学，因为佛学里面也讲"心即是佛，佛即是心"。这些学科，都在探索人心，但心理学在探索人心的时候，走的是一条科学的路径。

一方面，自诞生之日起，心理学都在努力地向科学靠拢；另一方面，心理学不是对人心的所有的方面都有研究，而是探索能够研究、可以研究的内容，从定义上来讲，心理学是研究心理现象、心理活动的规律一门科学。人心的一些深层的内容或层面，如果没有办法去测量、观察，或缺乏将其量化的手段，也就很遗憾地无法成为心理学研究的对象。

关心和了解人的心理的学科不只是心理学，许多学科都关注人的心理。哲学、教育学、文学等学科，都关心人的心理。文学用语言文字描述和表达人的思想和情感，一部好的文学作品能够准确地揭示人的心灵深处最真实的东西，就像一把锋利的匕首解剖人心的奥秘一样，如中国古典四大名著的每部作品都刻画了一些典型人物的形象。中国近代的作家，如鲁迅、茅盾、老舍的作品也一样。当代作家莫言的作品能够获得诺贝尔文学奖，一个重要的原因就是深刻地揭示了人的心灵深处最真实的情感，特别是无意识的情感。但是，这些文学的描述还不是心理学。

彭老师说

心理学的特点是要用特定的方法研究特定的心理现象，即心理过程、心理状态和心理特性，这是心理学的研究对象；所谓特定的方法就是科学研究的方法，即实证方法。不同学科就是靠研究对象和研究方法而彼此区别开来的。心理学试图揭示人的心理的普遍规律，同时也揭示不同人的特殊规律。它的发现要能经受别人的检验，既能证实，也能证伪。这是心理学不同于哲学、文学等学科的地方。

03

心理学家在做什么？

面对纷繁复杂的心理世界，心理学家主要在做些什么呢？主要在做三方面的事情。

一是正确描述。心理学家的第一件工作是对心理现象进行**描述**。就像一位动物学家需要知道世界上究竟有哪些动物，植物学家需要知道世界上有哪些植物一样，心理学家也需要知道人和动物的心理现象究竟有哪些，每种现象的特点是什么，它们相互的关系如何。有些心理现象通过观察自己和别人就可以发现，如人都有视觉、听觉、记忆、思维、情绪等，这些现象自古以来就已经为人们所熟悉了；有些现象则只有通过心理学家的研究才能发现，如视觉中一些罕见的错觉，词汇阅读中的语义自动激活现象，在人群中做出决策时的

"从众"现象等。在图 3-1 中，显示了一种错觉。在 a 中虽然左右两条直线的长度一样，但右侧的直线看上去更长些；同样在 b 中，高度一样的墙角，右侧的线条比左侧的线条看上去更长。这种错觉现象叫作缪勒 – 莱耶错觉，是德国心理学家弗朗兹·缪勒 – 莱耶（Franz Müller-Lyer）最早发现并进行描述的。

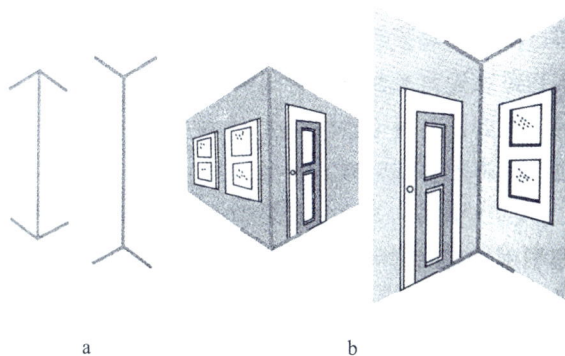

图 3-1　缪勒 – 莱耶错觉现象

　　心理学家不仅要收集和整理这些心理现象，进行科学的分析和分类，还要揭示每种现象的特点，把一种现象和另一种现象区别开来，如感觉和知觉有什么区别？思维和想象有什么区别，短时记忆和长时记忆有什么区别，情绪和认知有什么区别等，基于这些研究，形成心理学的科学概念，进而建立起这门学科特有的概念系统。受过心理学学科训练的人，可以学习和掌握这个概念系统；仅仅凭借自己的个人和生活经验，很难真正掌握科学心理学的概念体系。例如心理学中所说的"感觉"，是指"对信息的接收过程"或者"对事物个别属性的认识"，这是很精确的概念，而在日常生活中，当有人说"跟着感觉走""我觉得不舒服"时，"感觉"却常常包含了"感受""感想""觉察"等多层意思。由于不精确，面对同一个词，大家的理解可能相去甚远。因此要做到**准确地描述心理现象**，并不是一件很容易的事情。对一门学科来说，建立一套科学的概念系统非常重要。学科的发展越成熟，它的概念系统就越统一。我们学习一门新的学科，就是要学习和掌握它的概念系统。这是我们仅凭个人的经验无法精确掌握的。

二是科学解释。 心理学家要对各种心理现象进行科学的解释，说明某种现象为什么会发生，一种现象的发生受哪些内外因素的影响，心理现象发生的内在机制是什么，等等。每个人都有做梦的经历。梦的独特性、新颖性和奇异性常常会引起人们的好奇。人为什么会做梦？"日有所思，夜有所梦"这种说法对不对？做梦有什么作用？梦境能预测人的吉凶祸福吗？科学地解释这些现象也是心理学家的重要任务。当人们无法科学地解释某些心理现象时，他们可能受到多种言论的影响，产生不必要的恐惧或忧虑，并对自己的生活做出错误的判断。例如梦见了"掉牙"，就担心自己亲人的子女"夭折"，梦见了"带鳞的鱼"，就期待获得意外的财富等。

心理学家有责任通过自己的研究对各种心理现象做出科学的解释，并且用这些解释来指导人们的生活。这些解释就是我们通常听说的各种**心理学理论**。由于心理现象非常复杂，它的发生发展受到许多条件的影响，一种现象常常会出现多种不同的理论解释，如人为什么会出现错觉，就有多种不同的解释；人为什么做梦，也有不同的解释。理论多，解释不一致，是心理学的许多初学者感到困惑的地方。人的认识具有局限性，科学真理也是相对的，对一种现象常常会出现不同的解释，形成不同的理论，是一件很正常的事情。究竟哪种解释正确，哪种解释不正确，甚至是错的，只有通过进一步的科学实验和实践的检验才能解决。心理学家不仅要提出理论，还要通过自己的研究认真检验这些理论，肯定正确的，修正和否定错误的，帮助人们正确解释心理现象。

三是有效预测和控制。心理学家的第三件工作，就是预测和控制心理现象的发生和发展。科学研究的最终目的不仅是要认识世界，还要改变和改造世界，包括外在的客观世界和内在的主观世界。心理学的研究也不例外。例如，心理学的研究发现，婴幼儿语言的发展遵循着一定的发展顺序，先从非言语的交际开始，然后开始说出单个词汇，用这些词汇来表达他们的诉求，接下来使用双词句和三词句，以后才使用结构复杂的句子。这个顺序适用于不同民族、不同国家的儿童。心理学家的这种发现能帮助父母预测孩子的语言发展进程，并采取适当的教育措施，让孩子的语言得到正常发展。心理学家编制了各种不同的测验，可以分别测试出人的能力、气质、性格的特点，其目的也是希望能了解一个人的心理素质的各个方面，对他的行为做出有效的预测，并基于个体的特点帮助他得到更好的发展。

20世纪中期心理学家博尔赫斯·斯金纳（Burrhus F. Skinner）通过训练鸽子，发现"小步子"训练有可能帮助动物形成复杂的行为，这个发现曾经在许多国家的教育界（包括美国和中国）掀起了

"程序教学"的浪潮；心理学家让·皮亚杰（Jean Piaget）发现儿童智力发展的特点，直接推动了早期教育的发展，更体现了心理学对社会生活的巨大影响。

"小步子"训练是斯金纳在训练鸽子时采用的一种方法。为了让鸽子学会人所要求的复杂行为，如走钢丝、伸长脖子在高处喔食、跳舞等，他觉得最好的方法是，每次让鸽子照着某个动作，学习一点点，并即时采用强化的手段，最后就可以让鸽子产生复杂的行为。后来他用这种方法设计了教学机器，称为"斯金纳箱"，并在美国和中国都掀起了"程序教学"的浪潮。这种设计课程的思想，一直流传下来，至今仍被一些人引用。

我们常常听人说，科学的任务是要发现事物变化的规律，并运用这些规律指导人们的实践活动。在这点上，心理学和其他学科没有区别。有人不明白什么是"规律"，更不明白"心理规律"是什么。说起来其实很简单。规律就是事物和现象间的必然的、本质的联系和关系。心理规律就是指心理现象间存在的必然的、本质的联系和关系，包括心理与内外刺激（客观事物）的关系，心理与脑的关系，不同心理现象之间的关系等。如在相同情绪背景下记住的东西要比在不同情绪背景下记住的东西更多、更牢固，这是情绪和记忆的关系，也是记忆的规律（见图 3-2）；理解的东西比不理解的东西记得更好，这是思维和记忆的关系，也是记忆的规律。一位左脑前额叶受损伤的病人，会出现说话的障碍；一位左侧颞上回受损伤的病人，会出现语言理解的障碍，显示了语言与某些脑区的关系，也就是语

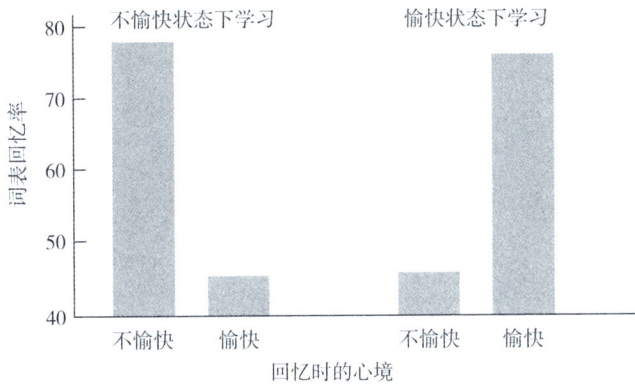

图 3-2　不同情绪背景对记忆的影响

言产生和理解的规律。心理学家的工作就是要透过心理现象，发现支配这些现象的**规律**。这是我们预测和控制心理现象，促进心理健康发展的基础。

有　用　的　知　识　增　加　了

哪些心理学家获得过诺贝尔奖？

在诺贝尔奖中没有设立心理学的专项奖励，但一些心理学家因对经济学或生理学做出了重要贡献，而获得了诺贝尔奖。

第一位获奖的著名心理学家是赫伯特·西蒙（Herbert Simon），他是美国卡内基-梅伦大学心理学系和计算机系教授，著名认知心理学家，人工智能研究的重要奠基人，因他的研究对经济学有重大贡献，于 1978 年获诺贝尔经济学奖。

第二位是心理学家丹尼尔·卡尼曼（Daniel Kahneman），他是美国加州大学心理学系教授，主要研究决策问题。因他的研究对经济学有重大贡献，2002 年获诺贝尔经济学奖。

第三位和第四位心理学家是爱德华·莫泽（Edvard Moser）和梅－布里特·莫泽（May-Britt Moser），两人是挪威心理学家、神经科学家，同为挪威科技大学卡夫利"系统神经科学"研究所和"记忆生物学"中心创始主任。由于他们在大脑定位系统上的重大发现，和美国科学家约翰·奥基夫（John O'Keefe）一起分享了 2014 年诺贝尔生物学或医学奖。

04

心理学家如何探索心理世界？

　　心理学家在他们的研究工作中采用了一系列有效的方法探索人的心理世界，主要包括三种：观察法、问卷法（测验法）、实验法。

观察法

　　观察可以在自然环境中进行，如在幼儿园观察儿童，在教室中观察学生，在商店中观察顾客，在车间观察工人等。在"**自然**"**观察**时，被观察者不知道有人在研究他们，研究者也不试图改变或控制被研究者的活动。通过这种观察，我们可以看到学生在课堂上的表现，发现有些学生对学习有兴趣，有些学生没有兴趣，有些学生喜欢文学艺术，有些学生喜欢科技等。观察也可以在某些特定的环境中进行的，叫作"**实验室观察**"或"**控制观察**"。如设计一间设备完善的观察室，邀请儿童来这里活动，研究者通过单向玻璃观察他们在室内的阅读活动，也能了解儿童能力和兴趣的差异。在某些情况下，研究者也可以参与到被试（即被研究者）的日常活动中，记录被试的行为，叫作"**参与观察**"。如教师在和儿童的共同游戏中了解儿童。由于研究者对被试的行为没有进行严格的控制，因而可能得到更客观的观察结果。

问卷法（测验法）

心理学家也可以按照研究的目的，通过提出一些问题对心理现象进行调查。这种方法称为**问卷法**或**测验法**。例如我们可以通过提问，直接让被试回答他或他们是否喜欢阅读，喜欢阅读哪些书籍，有没有很好的阅读习惯，父母对他们的阅读行为有什么影响等。**问卷调查**可以针对个别人进行，也可以针对一群人进行。用这种方法有可能了解儿童或中小学生阅读活动的一些特点，不同年龄和年级的差异，有没有阅读困难和阅读障碍，也可以了解家庭经济地位和父母受教育程度对儿童阅读能力和阅读兴趣的影响。但是在问卷调查中，被试可能不好好配合，他们对问题的回答可能存在不真实的情况，可能迎合研究者的愿望等影响结果的意外因素。

在问卷调查的基础上，心理学家进一步采用了更加精细可靠的方法，这就是各种不同的心理测验。例如智力测验、人格测验、职业能力测验、各种不同的阅读能力测验等。**心理测验**要通过设计一系列测验题来实现。但这些测验题不是随意提出的，编制这些题目要经过一个"标准化"的制定和修订过程，要在一定的人群中经过反复施测才能完成。因此，一个好的测验通常要经过几年甚至几十年的编制和修订过程，需要花费心理学家半生或毕生的精力。

一个好的心理测验，必须符合两条标准：第一要准确可靠（**信度**），第二要能检测到研究者需要检测的心理现象（**效度**）。如果我们用一台不合格的天平测量人的体重，每次测到的结果都不一样，我们会说这台天平不可靠，也就是信度差；如果我们用天平去度量人的高度，我们不会有任何结果，这叫效度差。同样，我们设计一种阅读能力测验，如果用同一个测验多次对同一个人施测，结果都一样，说明这个测验的信度好，可靠；如果每次的结果都不同，这个测验的信度就不好，也就是不可靠；如果用它去测量数学能力，不会有任何结果，就叫效度差了。

测验是探测人类心智的有效手段之一，也是心理学特有的一种研究方法。通过测验，我们能对人的各种心理现象进行定量和定性的描述，并且对人的行为和心理活动做出有效的预测和控制。

现在在互联网上很容易找到许多流行的心理测验，据说用人的出生年月日、生辰八字、姓名的笔画数、手指的长短等，就能测量人的性格、智力和未来人生的运势。这些"测验"大部分可以称作"心理学游戏"，离真正科学的心理测验相去甚远，可以调剂生活，当作娱乐。

实验法

实验法是许多学科的重要研究方法。我们在中学阶段学习时，做过物理实验、化学实验、生物学实验，许多重要的科学发现都是通过实验得到的。心理学研究的是心理现象，这是一种"看不见，摸不着"的现象，对这种现象的研究也能通过实验实现吗？

答案是：能。前面我们说过，人的内在心理现象和外在行为表现是密切联系在一起的。人的行为是表现在外的，可以进行客观的度量，这是心理学有可能采用实验方法的重要原因。对心理学来说，实验法同样非常重要。现代心理学的许多重要发现都是通过实验得到的。

实验法也可以说是一种严格控制条件下的观察法。例如，要研究电视收看对儿童阅读能力发展的影响，研究者可以安排一组儿童观看电视，另一组儿童不看电视，经过一段时间后，比较两组儿童阅读能力的变化。如果在长时间观看电视后，不看电视的一组儿童的阅读能力显著高于看电视的一组儿童（这里只是一种假设结论），那么我们就可能得出结论，看电视对儿童的阅读能力产生了负面的影响。

在心理学实验研究中，心理学家经常采用两个非常有用的指标，这就是**反应时**和**正确率**。反应时是指从刺激出现到做出反应所经历的时间，**正确率**是指正确反应占全部反应的百分数。在不同任务中，反应时和正确率是不同的。例如，在阅读研究中发现，常用词的识别速度快于不常用词，正确率也高；词汇再认（如选择题）的时间比词汇回忆（如填空题）的时间快，正确率也高。前者说明阅读材料的性质对词汇加工有影响；后者说明任务的性质也有影响。通过分析反应时和正确率，就可能揭示不同刺激和任务在加工难度上的差异以及被试的个体差异。心理学的许多行为实验结果就是依靠反应时技术得到的。

在实验研究中，由于研究者对结果的预期，可能产生"**期望效应**"，这是需要避免的。例如有人将一些老鼠随机分给两组学生（被试），告诉一组学生，他们分到的老鼠擅长走迷宫；告诉另一组学生，他们分到的老鼠不会走迷宫，实际上，两组老鼠在走迷宫的能力上没有区别，让被试记录老鼠走迷宫的成绩。结果第一组被试记录的成绩显著高于第二组，说明实验者通过指导语产生了对结果的预期，最终影响了实验结果。在这种情况下，引起区别的真正原因是实验者的预期，而不是实验设置的自变量。

由于实验是在严格控制的条件下进行的，也带来了一个不可避免的缺点。当我们把实验结果推广到现实生活中时，就会发现实验室中看到的结果，在复杂的现实生活中有时很难得到重复。这是实验方法的一个局限性。因此，需要在不同条件下进行实验，综合多个实验的发现才可能克服这种局限性，得到更可靠的研究结果。

20世纪80年代，诞生了认知神经科学的研究方法和技术，包括磁共振成像、正电子断层发射扫描（PET）、脑磁图（MEG）、近红外技术（NIRs）等。这些技术的一个共同特点是，人们能够在"无损伤"的情况下观察人脑是如何工作的。在这之前，关于脑如何工作的认识主要来自脑损伤、皮层电刺激、单细胞记录等手段。这些手段或者基于脑自身的损伤，或者需要打开头盖骨进行刺激或神经活动记录，因此只能应用于临床患者而不是健康群体。脑成像技术的诞生，使人们可以"自由地"考察健康群体的脑是如何工作的。这场技术革命直接推动了一个新时代——脑科学时代——的到来。本书中引用的部分成果就是靠这种技术得到的。

在采用测验和实验时，研究者通常要对一定数量的被试群体进行施测。但是，有些时候，研究者也可以通过对单个被试的研究，达到研究目的。例如在一项研究中，研究者找到了一位天才儿童，通过对这名被试的观察、测试和实验，就可能找到他的超常能力形成的原因。**个案分析方法**就是我们平日所说的"解剖麻雀"的方法。通过解剖一只麻雀，有可能了解其他麻雀的身体结构和功能。著名发展心理学家皮亚杰的许多结果就是采用个案法得到的。在使用这种方法时，对个案的选择非常重要。个案的代表性越高，得到的结果就越可能推广到其他被试的身上，其结果的意义也就越大。

彭聃龄 教授　　　丁国盛 教授

到底谁是心理学家？

市面上的心理学家好多啊，以前知道弗洛伊德，看到和心理学家聊天也能治心病，再后来才知道大脑才是心理现象背后的主管，再加上新闻媒体和社交媒体里出现的各种心理学家，五花八门，他们到底哪些是心理学家？哪些不是呢？

　　什么样的人可以称为心理学家呢？这是一个蛮有意思的问题。大家习惯上将专门研究心理学的，或者从事相应科学研究，或者同时进行相关教学活动的人，称为心理学家。但到底什么样的资历才够得上是心理学家呢？至少我就不敢说我是心理学家。

丁老师说

　　中国心理学会从 2008 年 10 月启动了心理学家的认定，2009 年正式公布了第一批认定心理学家的名单。彭聃龄老师就是第一批被认定的心理学家。之后基本上每年都会再认定一批心理学家。到现在为止已经有 248 位心理学家得到了中国心理学会的认定。

被中国心理学会认定为心理学家的人，基本上都在高校或者研究所工作。但还有一种情况，如果有人长期专注于心理学研究，尽管他 / 她不在高校或者研究所工作，但有自己的学养积累，有自己独立的思想，我觉得也不妨称之为心理学家。所以，心理学家更多的还是一个称呼。

不过也存在这样的现象：有些人其实称不上是心理学家，但也被冠上了心理学家的头衔，名不副实。记得我在读研究生的时候，有一个研究生同学，因为喜欢写一些心理学的科普读物，影响力还挺大的，也被人称为青年心理学家。当时我们开玩笑说："他的导师还没说自己是心理学家，他自己已经成为心理学家了。"

如果想要辨别名不副实的情况，就要查一查这个人有没有写过心理学相关的专著、论文，有没有提出过自己的观点，有没有在心理学方面从业的经历（不管是做咨询，还是做治疗），这些都可以帮助大家做一些判断。

彭老师说

哪些人是心理学家，哪些人不是，这个界限有宽、严两种标准。就以弗洛伊德和心理咨询师来说，也不容易区分。它关系到弗洛伊德的历史贡献和他在心理学科中的地位，以及咨询心理学的作用问题。

自冯特 1879 年创建实验心理学到 20 世纪二三十年代，心理学家都主张研究意识，即心理学是研究意识的科学。弗洛伊德不是心理学家出身，他是一位精神病学家，负责临床治疗。他从临床病的治疗实践中发现，无意识在精神病的患病和治疗中的作用，从而创建了精神分析学派。他的学说在心理学中有很大影响，极大地推动了精神病学、发展心理学、变态心理学、人格心理学、临床心理学和心理咨询等诸多亚学科的发展，也应用在一些邻近学科中，如文学创作。有人主张，文学创作的任务就是要揭示"潜意识"的东西。但是，这个学派在早期主张泛性论，认为性欲在精神病的患病和治疗中起着重要的作用，这是不符合实际的，因而受到广泛的批评，不能再代表心理学的研究方向。正如有人批评的那样：弗洛伊德对现代心理学的重要性被无限夸大了。

心理咨询是应用心理学的一个分支，主要关注有心理问题的人群，帮助他们解决婚姻恋爱、亲子教育、青少年成长、职场就业等问题。在国外，从事这个职业的人数，大约占心理学家的9%。前些年，我曾关注过一家公司举办的"心关爱，进百城"活动，活动的主要任务是培养服务于社区的心理咨询师。最近我又听了由教育部高等学校心理学类专业教学指导委员会主办的"首届全国高校心理学专业本科生创新、创业论坛"上的一些发言，其中的一些创新、创业活动就是为心理咨询提供各种技术支持，如为青少年"自伤"行为提供帮助的IT技术。正像一家咨询机构在招生广告中所说的，心理咨询师这个职业的前景是很好的。正因为这样，许多人都在关注和选择这个职业。这其中有些人经过了合格的职业培训，有些没有。这个问题很复杂，只能说有些心理咨询师的工作，是心理学家的工作，有些不是。主要看他有没有经过合格的培训。

至于催眠一类的事，它是一种治疗技术，是不是心理学家的工作，也看他有没有经过训练，真正掌握了这种技术。

由于人人都有心理，如果一个人能够意识到自己的心理活动，并进行调节和控制，在这个意义上，他们有时就自称为"心理学家"。在新闻媒体和社交网站上，这类"心理学家"不在少数，他们可以著书立说，传播自己的看法，如果他们只是偶尔从事一点"心理学"工作，就不能称为"心理学家"；但如果他们能有意识地遵循心理学的学科要求或伦理准则，受过系统的培训，那称其为心理学家是可以的。

彭聃龄 教授　　　丁国盛 教授

除了科学性，心理学如何关注人文性？

· · · · · ·

丁老师说

· · · · · ·

　　肯定应该关注。心理学本身是一个非常庞大的体系，除了基础心理学，应用心理学也是非常大的一部分，基本上我们生活中的各个领域都有对心理学的应用。除此之外，还有一种"超心理学"，研究超出我们日常生活经验的、特别的心理学概念，比如有些研究讨论前世的记忆，通过催眠的方法回忆前世发生过的事情；还有一种研究叫"出体"（out of body），研究人的意识脱离人的身体，比如说躺在床上，感觉真实的自己已经到了天花板上，等等。像这样的心理学，就没有办法归到科学心理学的范围里面，但是它研究的又与人的心理意识和精神层面的现象有关系。

　　心理学的人文性怎么去理解？我认为心理学的人文性更多地

体现在与人的精神层面、深层的价值观、艺术等领域的关联性，这里其实也有很多的领域可以去发掘和研究。

从现实的角度来讲，心理学是一个包容性很强、体系非常大的学科。它本身很多研究，除了我们习惯上或者通常界定的科学心理学的范畴，还有很多非常具有人文性的研究也可以归到心理学中。

我们应该关注心理学的人文性，把科学性与人文性打通。我们是从研究的角度，把理性／非理性，科学／艺术做出分类。但实际上，人本身是一种整合体，应该把这些分类打通研究。

这个问题和心理学的研究对象、方法以及心理学的特点有关。我想先回答人文性的问题。

彭老师说

人文性是一个哲学、艺术和文学的用语，常用来描述人的精神世界的许多层面。而心理学是研究心理现象和行为的一门科学，它既要研究微观的心理过程，也要研究宏观的心理现象。换句话说，要研究精神世界的许多方面，如目标、价值观、意识的不同状态等，在这个意义上，也就包括了"人文性"。比方说，人本主义心理学和积极心理学就是以实现人的自身价值为目标的。价值观是人文性的重要方面，直接影响人的价值判断、对事物的认识、情绪色彩和决策的制定。幸福感就是由价值观决定的。可见心理学不仅致力于科学性的探讨，也重视人文精神的研究。

心理学采用的方法除实验法和测验法外，也重视对人的心理现象和行为的观察，重视对心理现象和行为的描述与解释，因此它的某些发现和结论是基于经验的，心理学的某些理论也是经验性的，只能凭借经验来确定它是否正确。如人本主义心理学的理论就具有假设性质，它目前还难以得到实验证据的支持，属于经验心理学的内容。从这个意义上说，心理学也关注着"人文性"。

还有，心理学的特点是介于自然科学和社会科学之间的中间科学，既具有自然科学的特点，也具有社会科学的特点。心理学的自然科学性质表现在具体研究心理过程、心理的脑基础，采用的方法也是自然科学的方法。心理学的社会科学性质表现在研究一系列社会心理现象，如从众现象、服从权威、婚姻和家庭等。而社会科学性质是和"人文性"密切相关的。

最后，心理学的研究分为基础研究和应用研究两个方面，许多应用研究都和"人文性"有关。比如心理咨询关注人的婚姻家庭问题、抑郁和焦虑问题、孩子成长发育中的问题，这都和"人文性"有密切关系。

彭聃龄 教授

丁国盛 教授

心理学擅长什么，不擅长什么？

丁老师说

　　说心理学与其他学科相比有哪些特长，这么表达可能不是很准确。应该是说心理学有它的特殊性，而最主要的特殊性在于它的研究对象。心理学研究对象的特殊性就在于它把"人的自身"作为它的认知对象，而且这个"自身"，又包括心理和生理两方面。生理是可以观察、可以操作的，是偏物质的；而心理，就更加玄妙一点。首先它是看不见、摸不着的；其次，人的认知的发生本身就是人的心理过程，心理学反过来又去研究人的认知。假如说认知有一个主体和客体的话，认知的主体又变成了认知的对象。所以，这就是它的特殊性所在。在这种情况下，它和普通的科学就不太一样了。

心理学研究对象的特殊性又带来了一个结果：由于人的心理本身非常复杂，怎么研究，怎么设计相应的实验就很重要了。所以在心理学里面，实验心理学就是一个特别重要的分支。这个分支就是研究怎么设计实验，怎么控制变量，怎么通过一些方法，把对象研究好。所以心理实验的设计，是心理学非常有特色的地方。在做心理学研究的时候，如果学过实验心理学，设计实验的思维方式就会有些不同。

除了实验之外，心理学也特别依赖统计。统计是在一些不确定的、随机的现象中寻找规律，心理学也是这样。它不像自然科学研究的很多东西是确定的，人的很多的表现、现象是有随机性的。统计就是讨论这种概率和随机性的，所以统计也很重要。

关于心理学不擅长的方面，我觉得更好的表达是它经常被人质疑的地方。心理学经常被人质疑的地方是不够科学。其实心理学从诞生开始，它就有一种内在的动力——就是努力地向科学靠拢。但是，仍然经常不被视作科学，这主要是由研究对象的特殊性导致的，它不像纯自然科学那样，更加客观、更加可靠。

所以在大众或者很多非心理学研究人士的眼里，心理学不太像科学，这可能有两方面的原因。一方面，心理学得到的一些结论，往往不像自然科学的研究发现那样，可重复性那么强。在心理学实验里面，可能受到的干扰因素特别多，比如说人的不同状态、不同的环境，都会影响到最后的结果。在一种条件下得到的结果，环境稍微一变，它的结果就可能发生改变。所以心理学研究结果的可重复性不像自然科学那么好。另一方面，源于大众对心理学的一种期待，希望能够得到很多确定的东西。但实际上，很多大众期待的东西，心理学往往给不了确切的答案。

所以，一方面心理学本身的结果受到很多条件的影响，比较容易发生变化；另一方面很多公众希望或者认为心理学能够解决的问题或能够提供的答案，心理学给不了。这两方面都影响大家对心理学的科学性的认识。

心理学家擅长的地方就是对心理学问题的敏感性和设计实验，以及用测验解决这些问题的本事。这是学过心理学和没学过心理学的很大区别，也是经过心理学培训和没有经过培训之间的很大区别。

彭老师说

我们用一个例子来说明这个问题。美国的大峡谷是许多人游览过的著名景点，那里有很深的峡谷和悬崖断壁，让人赞叹大自然的神奇造化。但作为知觉心理学家的吉布森等人，在看到许多大人和孩子在大峡谷前止步不前的景象时，却悟出了一个重大的心理学问题——深度知觉可能是先天的。他们假定人类包括婴儿在内，都天生具有深度知觉。对于不同物种和在不同环境中生存的动物，这种反应出现的时间可能不同。这就是心理学中著名的深度知觉实验。为什么吉布森能产生这个想法，而一般人却只是游览了一个景点，原因就在于长期的心理学训练所培养的对心理问题的悟性。

记得在 1998 年前后，我去北师大刘伯里院士家闲聊，刘老师问我，彭老师，我们化学中有一些"探针"，用来检查金属内部的结构，你们心理学有这种探针吗？我回答，有啊！并随口举了两个例子。

一个是 Stroop 效应，实验时用不同颜色的墨水书写一系列表示颜色的词，其中有些色词与它所代表的颜色一致，如用红色写红字，用蓝色写蓝字，有些与它所代表的颜色不一致，如用红色写蓝字，用黄色写绿字，要求被试读出这些字的书写颜色。结果发现，当书写颜色与色词名称不一致时，反应时间明显延长。这说明，阅读时，字义是自动激活的，它干扰了字的书写颜色的读音。字义自动激活是看不到的，但通过字的颜色的读音可以显示出来。而字义的自动激活是阅读过程中一个非常普遍且重要的现象。

另一个例子是启动作业。这是指词汇由于形音义的关系而出现的自动激活现象。首先给被试短暂呈现一个词语（启动词），接着呈现另一个词语（目标词），被试的任务是判断目标词是否为词。当启动词与目标词具有语义关联，较启动词和目标词没有联系时，被试能更快或更好地识别目标词。例如，先呈现"护士"再呈现"医生"，比先呈现"面包"再呈现"医生"相比，被试判断"医生"是"词"的反应时要快。这同样说明了语义的自动激活。

刘老师听了，连连说：是啊，是啊。不同学科有不同的特点，但都有探测内部机制和结构的方法。

退休前，我常与一些医院的医生协作从事科学研究。在这些协作中，我常常感到，一些在心理学工作者看来很容易解决的问题，在一些医生眼中却成了很大的问题。回到学校我曾多次对自己的学生说，不要小看了这几年的学习和培养，我们不仅学习了心理学的知识，也形成了对心理学问题的悟性，学会了心理学解决问题的策略和方法，懂得了设计心理学实验的技巧，这些东西是受用终身的。

至于说，最不擅长的，我想会因人而异，不好一概而论。

彭聃龄 教授　　丁国盛 教授

如何看待科学的有限性？

近期关于阿尔茨海默病的爆炸性新闻，让我们不得不怀疑科学本身是不是也有局限性呢？作为心理学家，如何看待科学的局限性？心理学的历史上，有没有类似事件或者争论呢？

　　关于阿尔茨海默病学术造假的新闻和科学的局限性，我想可以作为两个相对独立的问题，尽管它们两个是有关联的。

丁老师说

　　第一个是关于造假的问题，其实科学中的造假是层出不穷的。我记得几年前，应该是 2018 年，有一个非常轰动的大事件，就是心肌干细胞的造假，也是经过了十几年的检验之后，发现是造假，而且造假人本身也是这个领域的泰斗级人物。这次有关阿尔茨海默病的学术造假的新闻也有类似的效应。科学中的造假能不能杜绝？我觉得可能很难，很难的原因是什么？是因为科学家这个群体，本身也有很多个人利益的考量。有的是出于一种发表高水平文章的压力，在结果不理想的情况下，可能把结果修正一下，让这个故事讲得更加完美，更加漂亮；有的干脆研究都没做，直接就来空讲故事。

对于每一个科学家来说，都面临一种考验，因为很多时候外行是很难评判科学成果的，即使是同行，如果不了解一些细节的话，有的时候也不容易质疑。原因就是，在科学领域中，很多时候面对的是不确定性。不确定性就意味着，很多现象和结果可能受到很多因素的影响，这个实验室确实有这样的情况，这个人做到了，但是到另一个实验室，可能由于仪器的原因、药品的原因，就不太容易重复。一两个实验不太容易重复，还不能构成质疑，只有大范围的或者说已经被反复验证后，发现就是不能重复，这个时候才可能会提出来作为一个问题，质疑这个研究是不是存在问题。正是基于这个原因，导致了造假文章能够在十几年甚至几十年的时间里没有被公开质疑（私下的质疑经常有）。

在心理学界，也经常有研究被质疑。比如，1971 年的斯坦福监狱实验，就有人质疑参与实验扮演犯人或者管理者的被试，是否涉嫌被诱导和引导，或者参与者为了配合实验是否存在表演成分，包括管理者表现出暴力，犯人受虐待而表现出痛苦或者反抗等。另外，心理学经常被质疑的是研究结果的可重复性。有人统计过，在高端期刊上的（如《自然》）发表的很多心理学的文章，特别是以"相关"为主要手段的脑和行为研究（就是变量和变量的相关研究），可重复率其实很低，这也带来一个问题，就是这些现象和结论到底有多可靠。

所以，前面提出的问题可能分两个层面。一个是造假，造假涉及人性。抛开这个层面，另一个是科学的有限性。科学包括心理学或者其他一些学科，它面对的是一种不确定性，从科学家的角度来讲，希望探寻这种不确定性中隐含的秩序。而在得出结论的过程中，会存在一些风险或问题。一种风险就是把一些片面的，或者偶然出现的，或者是在某些特别极端情况下观察到的现象作为一种结论，这是一种可推广的风险——就是在特定条件下得到的结论，被科学家本人或者公众、媒体无限地推广，不考虑应用条件，被不断地、无限地推广；另外就是可重复性的问题，有的结论有条件依赖，后面的实验没有办法进行重复，这在心理学界尤其多，也就是说它的结果本身非常受条件的影响。

除此之外，科学有它不可及的东西，比如很多宗教的思想、哲学，还有情感的一些问题，在科学上，至少说现阶段或者在某一个特定的历史时期，是没有办法直接研究的。科学又是不断动态发展的，这些现在没有办法直接研究的科学问题，在未来，随着技术的发展，可能又能够研究了。

· ·

你们好！收到了你们的问题，也听了丁老师的回答，他讲得很好。这个问题有两个方面，一个是人性的方面，它暴露了科学研究中一些人的自私、贪婪，为了达到个人的目的，不惜一切手段。这个问题外国有，中国也有。科研管理上的一些弊端，如用人制度也助长了人性中的自私、贪婪的毛病。有些人一开始就很坏，有些人是逐渐变坏的。阿尔茨海默病的造假新闻，只不过是众多造假新闻中的一个，不足为怪。另一个是说明了科学研究有

彭老师说

其局限性。科学是以探索未知问题为目的的，而科学探索又没有尽头，因此科学研究的局限性是一个研究科学的人深信不疑的问题。

科学的真伪是用科学研究是否可以重复检验来判断的。一旦发现研究的结果不可重复，那么其结论就要受到质疑。有些检验是几个月的工夫就完成了，有些检验却需要十几年，甚至几十年。阿尔茨海默病的学术造假经过了十多年才检验出问题，因而影响很深远，对人类造成的损失是巨大的。

有些造假是指剽窃、抄袭、盗窃他人的学术成果，这是大量存在的造假行为，不想或没有能力进行科学研究的人，却又想占用学术研究的成果，因而使用了低级的造假形式。

心理学和其他科学还有所不同。由于心理学研究对象的复杂性，它的研究更容易混入一些主观的东西，因而不能简单用"是否可以重复检验"来判断。同一个实验由于试验批次、人群和环境略有不同，结果就可能千差万别。它更强调检验的普适性，即几次实验，尽管采用相同的因变量，也不一定产生相同的结果，需要多次反复进行。这样不少问题就被长期搁置起来，最后不了了之。或者成了一家之言，不能证实，也不能证伪。这可能就是心理学派中众说纷纭，假设很多，许多问题没有结论，而造假事件反而不多的原因。

心理学中还存在许多常识性的知识，像我们在书中讲过的许多误解一样，貌似正确，其实是不对的，如"人类通常只使用了大脑潜能的10%""你的动机越强烈，就越能更好地解决复杂的问题""导致遗忘的主要原因只是记忆随时间衰退"，等等。通过学习心理学的科学知识，应该设法解决这些问题。

心理学的过去与未来

05

心理学有哪些学派纷争和研究取向？

　　19 世纪末和 20 世纪初，也就是在科学心理学诞生后的半个世纪内，心理学研究中出现了派别林立的局面，主要包括构造主义、机能主义、格式塔心理学、行为主义和精神分析学派。不同学派都有自己的创始人，他们从心理学的某个侧面入手，进行了有特色的研究，并建立了自己的理论体系。

　　早期的一些学派如**构造主义**，强调心理学应该研究人的意识经验，他们采用实验法，同时又承认内省的作用。由于受到化学学科的影响，他们主张意识是由一些元素构成的，就像一座房屋是由许多砖块构成的一样。心理学的任务就是要分析意识的元素，以及将这些元素连接起来的机制，如联想。而另一些学派如**机能主义**，也主张研究意识经验，但他们认为意识是一个川流不息的过程，具有适应环境的能力，在他们看来，内省只能了解意识的静止状态，对研究川流不息的意识过程是无能为力的。还有一些学派，认为意识是一个有结构的整体，被称为"格式塔"。他们认为整体不是个别元素的简单相加，整体的特性要大于或多于个别元素相加的特性。就像一个四方形不是 4 条直线的总和一样，它具有了面积的特性。格式塔心理学的这些主张和构造主义、机能主义心理学是针锋相对的。就在大家都主张心理学要研究意识经验的时候，美国心理学家华生（John B.Watson，1878—1958）提出了一种非常激进的主张——**行为主义**，认为心理学应该摒弃意识的概念，不要研究意识，而要研究动物和人类的行为。理由是，行为是可以直接观察到的，它不像意识经验那样，只有依靠内省才能了解。而**精神分析**可以说"独树一帜"，它的创立者不是专业的心理学家，而是一位精神病医生西格蒙德·弗洛伊德（Sigmund Freud，1856—1939）。他基于自己的临床实践经验，特别是对病人的梦进行分析，提出人的行为都和他们的无意识经验有关，人们在自己童年时的许多经历，特别是一些精神创伤，被压抑在无意识中，对他们后来的行为有很大影响。

经历了半个世纪的派别纷争局面之后，心理学家在关系到心理学发展的一些基本问题上取得了一些共识。例如，心理学不仅要研究意识，也要研究无意识；不仅要研究心理活动，也要研究行为；不仅要研究结构，也要研究功能和过程；不仅要研究病人，也要研究正常人；不仅要采用实验方法，也要综合采用测验、个案分析和内省（口述报告）等多种方法；不仅要对心理现象和行为进行分析，把复杂现象分解为简单的现象，也要综合研究心理和行为的整体特性等。由于有了这些共识，原来各执一端的现象减少了，而整合的呼声越来越高。有人把现在的心理学称为整合时期的心理学，是有道理的。在重要的科学问题上，研究者取得共识，是学科进步的表现，也是学科逐渐走向成熟的标志。

随着学派的逐渐消失，心理学的发展通过"研究取向"的变化体现出来。下面是当代心理学一些最重要的研究取向。

认知神经科学取向

在生物科学、神经影像学和计算机科学发展的影响下，心理学家从研究心理现象和行为的外部表现，进而关注这些现象产生的生物学基础，特别是心理现象和脑、内分泌、基因调控的关系。如哪些基因可能与抑郁症、自闭症的发生有关？东方人和西方人对"自我"的理解有哪些差异，它们的生物学基础是什么？脑的可塑性对心理和行为的改变起到什么作用？等等。认知神经科学取向通常采用生理学的方法和技术，如各种脑成像技术、脑皮层电刺激技术、基因分析技术、生物化学技术等研究各种认知活动的神经基础。近年来，研究者不仅关注人的各种认知活动，而且关注情绪和人格、社会行为等复杂的脑功能，形成了情感神经科学、社会认知神经科学、计算认知神经科学等不同新兴学科。

信息加工取向

20 世纪中叶，随着计算机科学的发展，心理学家试图将人脑和计算机进行类比，并且在计算机上模拟人的心理活动和行为。信息加工取向研究心理活动的内部过程和结构，也叫作内部过程和表征。其特点是，把人的心理过程看成一个信息加工的过程，一般都要通过信息的输入、内部加工和输出等一系列阶段。感觉和知觉是人脑对信息的接收和解释，记忆、想象和思维是人脑对信息进行的内部处理，人的行为就是信息的输出了。信息加工取向提倡建立"认知模型"，也就是用信息流程图来表示人的认知的内部结构和加工过程。模型可以帮助我们更好地理解人的心理现象，也可以通过实验来检验模型的有效性。信息加工取向的研究不仅帮助心理学家深入揭示了认知的内部过程和结构，对了解心灵的奥秘具有重要的理论意义，而且对改善和提高人的感知觉能力、思维决策能力、口语和阅读能力，促进心理疾病治疗（认知治疗）等，也有重要的实际意义。

人本主义取向

在人本主义哲学的影响下，心理学家开展了另一个方向的研究，即人本主义的研究。在心理学领域，人本主义被称为"第三势力"，这是因为它是在行为主义和精神分析学派后出现的另一个现代研究取向。人本主义认为，人具有自由意志，可以自由选择他们自己的命运，人还会通过自身的努力，实现自身的价值，即充分展示个人的潜能，争取"自我实现"。亚伯拉罕·马斯洛（Abraham Maslow,

1908—1970）和卡尔·罗杰斯（Carl Rogers，1902—1987）是该研究取向最有名的代表人物。今天，人本主义已发展成为心理治疗的一种重要流派，注重自我理解和自我修养。

进化的取向

进化心理学认为，人类心理是进化的产物，其功能特征和工作机制是人类在经历了漫长的自然选择，在积极适应环境中发展和进化而来的，很多问题可以从人类的进化历史中找到答案。例如人为什么喜欢吃甜的食物，不喜欢吃苦的东西？为什么见到蛇都会害怕？择偶中性别吸引是怎么一回事？这些问题都是进化心理学热衷回答的问题。亲密关系问题是进化心理学研究的领域之一。比如，一项研究曾调查了青年人与异性的关系，发现男性很难原谅伴侣的生理不忠，而女性很难原谅伴侣的心理不忠。这个结果与进化理论的预测一致。

彭聃龄 教授　　　丁国盛 教授

如何平衡研究需要和当下需要？

时代在变化，生活在每个时代的人也在变化，感觉心理学有点滞后于时代需求，作为心理学家，如何平衡发现新的研究需要与解决当下具体问题之间的差距呢？

· · · · · ·
丁老师说
· · · · · ·

　　从我个人做研究的角度来讲，并没有强烈地感觉到心理学滞后于时代需求。

　　心理学关心的是"心"，即人的心理现象，或者是心理活动，或是行为的内在规律。这种规律不太会受到时代变迁的较大影响。在时代的变化里面，最显著的是技术的变化和社会生活方式的变化，而人的变化其实是比较小的。也许我们可以假设，随着时代的变化，人的心理层面的内容会发生一些变化，但这种变化的速度和程度应该是缓慢且微小的。所以，古希腊的那些哲学家们，如柏拉图、亚里士多德关于人性的一些讨论，到现在也并不觉得过时。而亚里士多德那些偏向科学层面的论述，关于物理的一些认识，后来却被更新了。

从一个层面上来讲，心理学想揭示的那些东西、那些规律，是比较稳定的。不同的时代可能会面对不同的问题，以中国的社会发展为例，中华人民共和国成立后，不同的时期有不同的时代特点；现在的一些社会问题又不同于改革开放初期的情况。比如说，在物质上，现在大家都已经达到了一个相对的、比较小康的状态，但是和 20 世纪 80 年代相比，大家的幸福指数或者说幸福感并没有增加多少，甚至可能还更低了。不同时代的人们会提出不同的问题，对于回答这些问题，也许心理学能发挥一定的作用。

心理学的领域是比较多元的，有的领域会持续研究一些更基础的内容，像人的感知觉、注意、记忆，从最初心理学诞生时就开始研究这些内容了。甚至在心理学诞生之前，有些主题的研究就已经开始了。比如，在科学心理学诞生之前，艾宾浩斯就对记忆做了很多研究，但现在"记忆"仍然是心理学的研究领域里面的一个核心主题。

但是，也有一部分心理学家会比较关注随时代变化而来的一些新的问题，就像早些年有很多心理学家、心理学研究者比较关注留守儿童，最近这段时间，有很多人对网络成瘾等问题进行研究。之所以有心理学滞后于时代需求的感觉，可能是源于公众的一种期待——只要遇到什么心理的问题，期待心理学家能够给出一个比较好的解决问题的方案。但实际上，人的很多心理问题，心理学家不见得能帮上忙。从心理咨询的角度来讲，很多时候还是需要个体自己帮自己，不像医生开药方，你把这个药吃了自然就痊愈了。心理咨询往往借助的是激发当事人自身的力量或能量来完成一种自我治愈。

比如现在抑郁症的确诊数量非常多，是个很大的社会问题。针对抑郁症，心理学可以提供帮助，但不是所有的抑郁症都能治愈。比较严重的抑郁问题，恐怕还得借助于药物治疗，借助相应的措施来提供帮助，只靠心理咨询有的时候也解决不了问题。

因为我不是心理咨询专业，可能说的有些内容比较外行。做心理咨询的人可能更清楚。他们往往会有一个限定，什么样的情况是心理咨询可以提供帮助的，有哪些问题超出了心理咨询能够提供帮助的范围。所以，并不是说所有心理问题，心理学家都能搞定。我想这也是一个误区。

彭老师说

这个问题我想应该从心理学的基础研究和应用研究的关系来回答。

基础研究是指那些关系到学科自身发展的研究，而应用研究是指那些能解决社会发展、与人的生活息息相关的问题的研究。一百多年来，心理学发生了巨大的变化。它不仅是一门学科，也成为一种职业。它和其他学科一样，不仅在基础研究上取得显著进步，同时也在应用研究上有了巨大发展。改革开放以来，我国的心理学迎来了发展的最好时期，在基础研究和应用研究两个方面都有很大进步，一些新的科研发现逐渐涌现了，心理学也从原来的"奢侈品"逐渐变成了大众的"必需品"。但由于原来的基础比较薄弱，这两个方面的进步还不能让人满意。因此，心理学研究滞后于时代的需要，这一说法指的是它的发展不能解决当下的一些具体问题，这种情况是难以避免的，在一定时间内还会继续存在。

心理学要发展，基础研究不能少，少了就没有根基，在没有根基的基础上发展应用研究，就是"浅薄"的研究，最终不得不停顿下来。同样，心理学要发展，应用研究也绝不可少，而且要大力提倡，因为没有心理学的应用研究，老百姓看不到心理学的应用价值，心理学在社会上就没有扎根，政府也就不愿意投资心理学的研究，心理学的发展也会受到极大的限制。简单来说，基础研究是为未来服务的，它需要国家的投入和政府的支持，而应用研究解决当下的问题，它能直接产生社会价值和影响。现在有人认为，进行基础研究，特别是认知心理学研究，让心理学走了弯路，这种看法是不对的。他们只看到心理学应用研究的重要性，而忽略了心理学基础研究的重要性。

在库恩等人主编的《心理学导论》中，曾列举了心理学基础研究和应用研究的学科分类。属于基础研究的学科有生物心理学、认知心理学、比较心理学、文化心理学、进化心理学、性别心理学、学习心理学、人格心理学、感知觉心理学、社会心理学；属于应用基础研究的有发展心理学、环境心理学、健康心理学；属于应用研究的有社区心理学、消费心理学、咨询心理学、教育心理学、工程心理学、司法心理学、工业与组织心理学、学校心理学。

认知心理学作为当代心理学的一个重要思潮，不仅影响了基础研究，而且对发展心理学、环境心理学、健康心理学、咨询心理学、教育心理学、医学心理学等应用性基础研究和应用心理学也有很大影响。如果没有认知心理学的发展，当代医学和咨询心理学中就不会有认知疗法，我们的这些学科就还会停留在行为主义和精神分析的水平上。它的发展必将停滞不前，遇到很大的困难。

库恩还提出，在美国，心理学家工作的领域属于基础研究的不到 13%，而在心理卫生服务部门工作的占 51%，从事教育和教育辅导工作的占 18%，也就是说，大部分心理学家是在应用领域工作的。这说明了研究分工的不同，并不是说基础研究就不重要了。

因此我的意见是：要处理好心理学基础研究和应用研究的关系，就要加强心理学的基础研究，也要大力发展心理学应用研究。这就是我的主张和缩小两者间差距的方法。

彭聃龄 教授

丁国盛 教授

未来 20 年心理学的大热门会是什么？

预测 20 年后心理学的发展，我想先从现在的几个趋势说起。

第一个趋势是认知神经科学，它锁定的是心和脑的关系，心脑关系本身是个老问题。但是，脑成像技术的发展，使这个问题有了很大的挖掘空间，我想未来 10 年，对脑成像的研究应该仍然还是一个非常大的潮流。

丁老师说

第二个趋势是积极心理学。它关注人的幸福、人的积极品质的培养，以及更加正向的品质，我想它在未来 10 年或者 20 年，仍然会是一个非常大的潮流，会有很多人来参与积极心理学的研究。

第三个趋势是现在社会层面上困扰大家比较多的一些内容，主要是"心理问题"。例如抑郁症，一方面，它带来了很多社会问题，另一方面，它可能会在得到更多关注之后有更大的理论突破。

除了这三方面之外，一些新兴的、原来没有被关注的心理学应用层面的主题，可能也会越来越多地被大家关注。随着经济的发展，心理学与生活的关系会更密切，人们对心理咨询、心理治疗的观念发生改变，心理咨询被越来越多的人所接受，人们会去寻求心理帮助。在生活中，心理学会更多地和生活联系起来，这也会成为一个潮流。

与这个问题有关，我想说一下20年后，心理学会是什么样子？

关于心和脑的关系，我觉得20年后，可能会有一个革命性的改变。我们一直认为在心和脑的关系中，脑是基础，心是脑的一种功能。也许，到20年后会有一种新的认识——实际上脑和心之间，心才是基础，脑是心理实现它的功能的一种手段或者一种途径。

这个观点，我猜彭老师可能不会特别认可，这是我个人的一个判断。在心和脑的关系上，其实心可能更重要、更主流。脑的作用是什么？心和身的交互是通过脑来完成的，脑其实是一种手段。假如说精神世界和物理世界要想实现交互，要通过脑来完成，而在这个交互的过程中，最关键的其实是身体要完成"心"想达到的目的，就像我们要做一个动作、要采取行动都是这样。都是心来指挥脑，脑再指挥身体，这是我个人的一个判断，但这和主流心理学或者心理学教材的说法，是不太一样的。

我说的"心"，可能更接近于中国传统文化里讲的"心"，就是"心学"里讲那个"心"。如果按照哲学里面的概念，比较接近于笛卡尔说的"精神实体"。"身、心、灵"我不是特别的熟悉，不知道它的框架里面"身、心、灵"是怎么划分的。我推测，我指的"心"可能更接近于"灵"的层面，但是"灵"和"心"我觉得也不完全一样。我认为除了物质的脑之外，其实还有一个精神层面的东西，这个东西是看不见摸不着的，但是它又是存在的。

关于心脑关系的问题，在哲学里面有一个专门的领域——心灵哲学，专门讨论心和身、心和脑关系，这方面的内容可能一本书都容纳不下。这个观点可能和心理学所持的主流观点不太一致，但感兴趣的读者，如果想进一步了解心脑关系、身心关系，比如中国的传统文化"心学"、西方心灵哲学、东方（主要是印度）哲学衍生出来的"身、心、灵"的话题，都是很好的拓展。

关于未来的预测，特别是 20 年的预测，这是一件挺困难的事。我觉得丁老师的意见已经把对未来的预测都说到了，很好。我只想做点补充。

彭老师说

140 多年前，威廉·詹姆斯曾经说过："一系列简单的事实，一些漫谈和意见上的争吵，在一些简单描述水平上做一些归类和概括，但是没有一条规律够得上物理学意义上的规律。这不是科学。这只是成为一门科学的希望。目前心理学处于伽利略以前的物理学状态，处于拉瓦锡以前的化学状态。"

经过 100 多年的发展，心理学已经从 20 世纪初期派别丛立的状态走出来了，成为互相融合又相对独立的一门科学。但这条融合的道路还很长。在心理学中，现在还存在两个营垒的"对立"即强调生物学特性，以寻求事物的因果关系为方法论的"科学心理学"阵营；和追求人性、强调人的内在潜力的发挥和积极性的调动，以经验描述为特色的人本主义的阵容。在未来 20 年，心理学有望在独立的道路上，使这两个方向融合起来，继续前进，成为一门有自己特色的、融合了生物和社会、生物性和人性的一门成熟的学科。

心理的生物学研究将继续发展，并取得重大进步。各种不同的脑成像方法和技术将会展现出不同的作用。人类对记忆和学习等脑的基本功能的认知有望获得快速进展。随着网络技术的发展和大数据库的使用，有可能更深刻地揭示脑的功能。改变人类神经和生理功能的基因工程，与人类大脑交互的系统计算机的发展，也会影响心理学的发展。人类对脑与认知的关系将获得新的认识。

在未来 20 年，人们对心理健康的关心将更加强烈。各种不可预测自然灾害和各种人为的灾难频繁出现，气候进一步变暖、病毒对人体的攻击、地震频发、突发的战争和核威慑，使人容易出现恐慌、惊吓、焦虑和抑郁等情绪，情绪调节将成为人们日常生活的重要内容。心理学中有关心理健康和心理咨询的应用领域，有望获得更快的发展。

在未来 20 年，心理学的发展有望对普通教育做出积极的贡献，在系统了解脑的发育的基础上，逐步建立基于脑的教育、教学的体系和方法，帮助儿童青少年健康成长。

　　代表着心理学发展的人本主义心理学和积极心理学会继续发展，并在探索将科学方法引进其研究的道路上取得重要进展。随着这种发展，心理学不仅是一个学科，也是一种职业的趋势，心理学家有望在社会上获得更多的就业机会。

第二编

我们如何认识世界

Q

心理学能让人成为学霸吗？

不一定是你

A

有这个可能，
但不一定发生在你身上。

从
感觉
开始

06

认识世界，从哪里开始？

　　大千世界，万物纷存。在人类看来，这些事物都有自己的颜色、形状、声音、轻重、软硬、味道和气味。这一切似乎都是事物的客观属性。但如果我们把人的视力换成鹰的视力，把人的视觉换成一些昆虫的视觉，把人的嗅觉和味觉换成狗的嗅觉和味觉，这一切会有什么不同呢？我们会看到，世界将会是完全不同的另一个样子。它变得不再五颜六色，大小也发生了改变，原来的美味佳肴也会变得不一样了。可见，这里所说的颜色、大小、声音、味道等特性，并不是客观存在的，而是事物的客观特性作用于人的感觉器官的结果，即**感觉**。感觉是人的认知的基础，没有感觉就不会有一切复杂的人的认知活动。所以，我们认识世界是从感觉开始的。

为了认识外部世界的各种特性和属性，人的感觉器官必须将不同的物理能量转化为神经冲动，并在头脑中形成这些特性和属性的主观映像，这就是我们所说的感觉，如光作用于眼睛，可以引起明暗和颜色的感觉；声音作用于耳朵，可以引起音调、音强和音色的感觉；不同的化学物质作用于口腔，可以引起酸甜苦辣咸等不同味觉。患色盲症的人，五彩缤纷的世界在他看来是单调的；人得了感冒，美味佳肴也就寡淡无味了。

感觉提供了人们正常生存所需要的信息。为了说明这个问题，心理学家曾经设计了一个名叫"**感觉剥夺**"的实验（见图6-1）。实

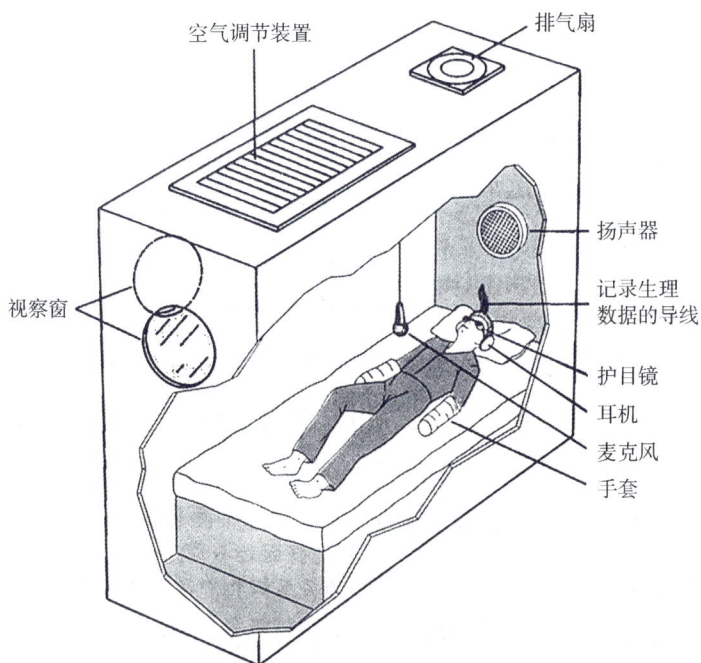

空气调节装置

排气扇

扬声器

记录生理数据的导线

护目镜

耳机

麦克风

手套

视察窗

图6-1 感觉剥夺实验

验场所是一间黑暗、隔音的房间，被试安静地躺在床上，蒙上眼睛，塞上耳塞，戴上手套，穿上柔软的衣服，连吃喝时也不能动弹，总之"剥夺"了被试可能得到的各种感觉。结果怎样呢？尽管被试在里面有吃有喝，每天还有 20 美元的收入，但他们很快就觉得焦躁不安、难以忍受，最终退出了这项实验。

感觉依赖于**刺激的特性**，每种感觉都有自己适宜的特异性刺激物。例如，**视觉**的适宜刺激是光，它是一种电磁波，由于有长波、中波和短波，我们才有红橙黄绿青蓝紫等 7 种不同的颜色感觉；**听觉**的适宜刺激是声音，由于声音具有不同频率和强度，我们才有音调、音强和音色的感觉；**味觉**的适宜刺激是可溶于水的化学物质，由于它们的特性不同，我们也才有不同的味觉。没有这些外界刺激的作用，感觉就成为"无源之水"，是无法产生的。

感觉与**刺激的强度**有密切关系。一粒灰尘落在皮肤上不会引起重量的感觉，低于 20 赫兹的声音也不会引起听觉。只有当刺激超过一定强度时，才能引起感觉。这个处于临界点的刺激强度叫作**感觉的绝对阈限**。同样，一千克增加 2 克，不觉得重量有变化，但增加 20 克，就能感觉到重量的差异。40 瓦的灯光增加 1 瓦，不觉得光强有变化，但增加或减少 3 瓦，就感觉到灯光变化了。这种刚刚能够引起差别感觉的刺激强度（最小可觉差），叫作**感觉的差别阈限**。感觉阈限与感觉能力（感受性）是相关的。感觉阈限越低，引起感觉所需要的刺激越弱，感觉能力就越强。一位年过七旬的老年人，他的视觉阈限和听觉阈限都变高了，因此他常常听不清年轻人能轻松听到的声音，也看不清年轻人能看清的物体，这说明他的听力和视力都减退了，需要借助眼镜或助听器来改善自己的视力和听力。

感觉也依赖于**感觉器官的特性**，即每种感官有不同的神经编码能力。不同感觉器官的感觉阈限是不同的，不同物种和不同个体也有区别。这是动物在漫长的物种进化过程中形成的一种特性。鹰的眼睛不同于人类的眼睛，它能看清 1000 米以外的小动物，而人不能；狗的鼻子和人不同，狗能区分许多东西的不同气味，而人做不到。相反，人对颜色的视觉却远远高于许多动物，人能看到五颜六色的世界，而一些动物只能看到黑白的世界。

07

知觉与感觉有什么不同？

与感觉相比，知觉是对世界更复杂的认识。在知觉中，以往的经验有很大的作用。当我们说看见单一的红色时，是指红的"感觉"，而当我们看到一个"红苹果"时，就是对苹果的知觉。人在知觉"苹果"时，不仅看到了"红"的颜色，还看到了它的形状，知道它可以食用，预测它的味道，知道它的营养价值等。这些特性整合在一起，才是对苹果的知觉。由于经验不同，对苹果的解释不同，其意义也就不一样。种植苹果的人、销售苹果的人和吃苹果的人，他们都看到了苹果，但意义是不同的。

知觉既依赖于感觉信息的特性，也依赖于人的已有的知识经验。来自感官的信息为知觉提供了信息源，如苹果的颜色、形状、味道等，没有这些信息，人就不可能得到苹果的知觉；而知识经验对知觉具有调节作用，如人们根据头脑中已有的苹果概念或表象，就可以判断眼前看到的水果是不是苹果，可以预测它可能的味道。

从认识世界的角度来说，对感觉信息的补充、组织、识别和解释是非常重要的。感觉提供的信息，有时并不完全可靠和充分，仅仅凭借这些信息，人不可能正确认识世界，也不可能保持认识的稳定性和整体性。以视觉为例，通过眼睛的成像系统得到的网膜视像，是上下颠倒的；在不同光照条件下，人们看到的物体颜色和明度也是不断变化的；人在行走的时候，投射在视网膜上的图像在大小、形状和方位上也在不断变化。为了获得对世界正确、稳定的认识，我们的知觉系统就必须借助已有的经验，自上而下地对感觉信息进行识别、组织和解释。

人在认识世界时，保持认识的相对稳定性和恒常性是非常重要的。例如，煤块在白天和夜晚看，都是黑色的，而实际上，在白天从煤块上反射到眼睛中的光强是黑夜的 1000 倍，如果没有恒常性，人们在白天看到的煤块就是白色的。同样，房门在关闭的过程中，它在你的视网膜上的投影在不断变化，但你看到的形状变化并不大，如果没有恒常性，你看到的一扇门的形状就随时都在变化（见图 7-1）。可以想见，如果人的知觉失去了恒常性，你会觉得世界变得很混乱，毫无稳定性可言。这对你适应环境会带来多大的困难啊！

感觉是如何转化为知觉的？或者说，个别的感觉信息或"特征"怎样整合为整体的知觉？

图 7-1 形状恒常性

一些心理学家认为，知觉的整合作用是由刺激物本身的特性提供的，如相似性、邻近性、对称性、连续性、闭合性、均质连接性等。人的知觉系统存在一种整合的功能，会把具有上述特性的事物看成一个整体。

例如，在图 7-2 中，12 个实心圆，被看成 6 组，每组 2 个，这是由于相邻的 2 个图形构成了一组。

在图 7-3a 中，12 个实心圆和空心圆被看成 12 列；而在图 7-3b 中，实心圆和空心圆被看成 10 行，而不是 12 列，这是由于图形的相似性而成为一个整体。

在图 7-4 中，两个相连的点更容易看成一组，尽管它们离得较远或并不相似；而不相连的点尽管邻近或相似，也会分成另一组，这是由于均质连接性而构成了不同的组合。相比之下，均质连接性似乎优先于邻近性和相似性，对图形的整合起更重要的作用。

图 7-2 实心圆（邻近性）

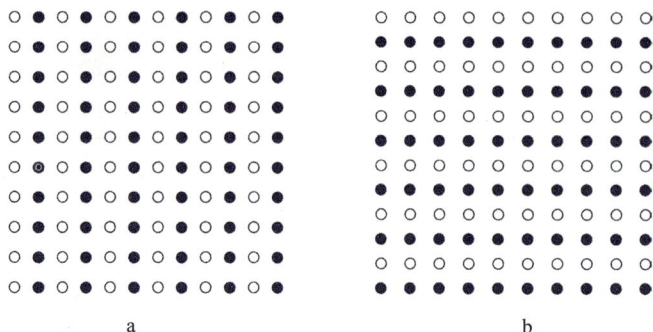

图 7-3 实心圆和空心圆（相似性）

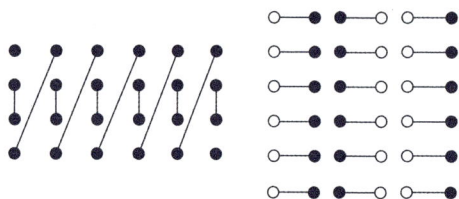

图 7-4 相连的点（均质连接性）

知觉系统还具有"**完形**"的倾向，这可以用主观轮廓来说明。所谓主观轮廓是指在实际上没有轮廓的地方，知觉为有轮廓，因而也叫错觉轮廓。在下面这张图片中（图 7-5），我们在 8 个圆形中看到了一个白色立方体，而实际上这个立方体是没有轮廓的。主观轮廓形成的原因很复杂，有些心理学家认为，这是由于视觉系统具有完形的倾向。

另一种看法是，知觉的整体性或"**特征捆绑**"是由**注意的作用**引起的。

为了检验注意在"特征捆绑"中的作用，心理学家设计了一个实验——错觉结合实验。实验时让被试看一张由字母和数字组成的

图 7-5 主观轮廓

图片，并让他们报告字母的名称、从左至右的顺序和每个字母的颜色（图 7-6）。当要求被试注意中间的字母时，报告的正确率高达90%；而当要求被试注意两旁的数字时，正确率急剧下降，而且会出现一类错误：如把黑色的 T 看成红色或蓝色，把红色的 S 看成黑色或蓝色；在字母的位置上也会出现类似的错误，即把不同的特征错误地结合在一起，这种错误叫**错觉结合**。这个实验说明，在不注意的条件下，特征是"游离"的，只有在注意的条件下，这些特征才能正确地结合在一起，成为一个特定的图形。换句话说，注意就像胶水一样，把不同特征黏合在一起，因而在知觉整体的形成过程中发挥着重要作用。

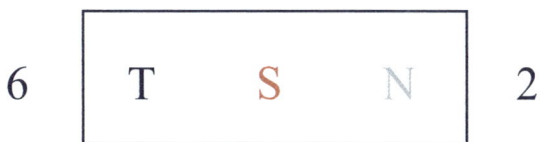

6 T S N 2

图 7-6 错觉结合实验示意图

扫码输入"错觉结合"
获得全彩图像

有 用 的 知 识 增 加 了

经验在知觉加工中的作用

在下面这张图片（见图 7-7）中，有 4 个缺少笔画的汉字，信息非常不完整。但是，认识繁体字的人，一眼就能看出这是 4 个"龍（龙）"字，已有的知识经验把这些不完整的信息"补充"上了。从这 4 个汉字，人们还会联想到，"它们都缺少字首的笔画，说明是'群龙无首'啊。"这是凭借知识经验才能揭示的图片的意义。平日我们看到一张漫画，从几笔简略的线条中，就能看出一个栩栩如生的人物形象，也显示了经验在知觉加工中的作用。

图 7-7 "群龙无首"

08

我们如何识别人脸？

20 世纪中叶，美国生理学家大卫·休伯（David H. Hubel）和
托斯坦·维塞尔（Torsten Weisel）研究了神经元如何处理视觉信息
处理。他们以猫为研究对象，发现猫的脑内存在一些仅对特定形状
有反应的神经元。比如，有的神经元仅对一定方向的线段有反应，
另外一些神经元则对两条线段形成的夹角起反应。这说明，神经元
之间存在分工，可以分别处理不同的视觉信息。这些神经元被称为
"特征觉察器"——当视野中出现某个特征时，它们就开始工作。休
伯等人还发现，这些"特征觉察器"存在不同的等级。一些较低层
次的神经元只对点状或环状特征敏感；一些更高层次的神经元则对
一些复杂的特征敏感。比如只有当刺激向着特定方向移动时，这些
神经元才开始活跃。

受特征觉察器的启发，神经科学家杰瑞·莱特文（Jerry Lettvin）在 1969 年提出了关于"**祖母细胞**"的设想。或许在脑中存在一个（或一组）特定的神经元，可以帮助你认出你的祖母的面孔。如果这个（或这组）神经元不小心死亡了，你就再也认不出你的祖母了。这个负责识别"祖母"的神经元，就称作"祖母细胞"。

研究者进一步发现，猴脑的颞叶部位存在一些神经元，仅对"面孔"有强烈反应。2005 年，科学家在人脑中也观察到一些仅对特定面孔有强烈反应的神经元。他们在一些癫痫患者的颞叶植入了一些记录神经元反应的微电极，检测癫痫发作以及治疗中的神经元活动情况。他们发现，患者颞叶的神经细胞可以有选择地对不同人物的面孔做反应。一位患者的某一个细胞会对美国前总统克林顿的图片有反应，另一位患者的某一个细胞则对一位名演员的面孔产生兴奋。这似乎表明，"祖母细胞"的设想可能是真实的。

2021 年研究者证实了"祖母神经元"的存在。研究团队用磁共振成像技术，在恒河猴中做了以下试验：让猴子观看 4 种刺激：熟悉的面孔（人脸和猴脸）、不熟悉的面孔（人脸和猴脸）、物体（熟悉和不熟悉）和灰色背景，并记录它们在前颞区（AM）和颞极（TP）等脑区的反应。结果发现，在恒河猴看到熟悉的面孔和不熟悉的面孔时，大脑颞极区（TP）的神经细胞会对熟悉的面孔做出反应。

这项研究揭示了大脑中的确存在一种"脑细胞"，它能将感觉、知觉和记忆连接起来。这种脑细胞既具有感觉细胞的功能，对视觉刺激有可靠和快速的反应，也能像记忆细胞一样，只对大脑以前见过的刺激做出反应。

尽管可以记录到某些细胞只对特定事物（如特定面孔、特定位置）做出反应，但我们并不知道究竟脑内有多少细胞会对该特定事物（如克林顿的面孔）做出反应，以及这些细胞是否还有进一步的分工和合作等。

除了识别人脸的细胞，研究者发现人脑中也存在一些完成其他特定任务的细胞，比如，用于确定身体空间位置的"**定位细胞**"。20世纪70年代，美国科学家约翰·奥基夫（John O'Keefe）记录了小鼠脑内海马体（大脑下部的一个结构，形状像海马而得名）内的一些神经元的活动，发现其活动模式与小鼠所处的位置有关。不同的神经元对应着空间中的一个位置区域。当小鼠处于某个空间位置时，相对应的神经元会有最大的活跃程度。这种神经元被取名为"定位细胞"。后来的研究表明，这些"定位细胞"还参与了空间记忆，即不仅可以指示"我在哪里"，还能指示"我是否来过这里"。2005年，挪威科学家莫泽夫妇（May-Britt Moser & Edvard Moser）发现脑内存在另外一种神经细胞，可以产生一种坐标体系，从而使精确定位与路径搜寻成为可能。他们称为"**网格细胞**"。随后的研究进一步揭示了定位细胞以及网格细胞是如何让定位与导航成为可能的。奥基夫教授和莫泽夫妇因这两项研究成果分享了2014年的诺贝尔生理学或医学奖。

彭聃龄 教授　　丁国盛 教授

心理学家为什么研究感知觉？

心理学家为什么要研究感知觉？感知觉不是生物学家、生理学家或者医学家应该研究的内容吗？我们视、听、味、嗅、触的质量也关乎心理吗？

丁老师说

首先这个问题很有意思。我刚开始学心理学的时候，也产生了同样的疑问："心理学为什么要研究感知觉？"当时我觉得，心理学更应该研究像思维、想象这样的心理过程。但几乎所有的心理学教材，一开始都是从感知觉开始讲起，为什么呢？

这个问题可以从两个方面来讲。一方面，心理活动或者心理内容的基础就是感知觉。想象一个东西，回忆一个材料，都是建立在感知觉基础上的——比如，我想起一个人，这个人我之前可能见过，就算没有见过，仅凭想象，这种想象也是在以前对其他人了解的基础上再做一些相应的改动。所以，感知觉构成了心理学的基本内容。

另一方面，感知觉对人心理的正常运转发挥了非常重要的作用。在感觉剥夺实验中，让一个人在一个密闭的空间里面，把外部感觉都隔离，躺着不动。在这种情况下，人往往会出很大的问题，精神可能面临崩溃。究其原因，就是人的内部状态也需要外部世界的存在。就像吃饭一样，是物理能量向心理能量的一种转化。而人的精神层面也需要有不断的能量输入，维持人的内在平衡。

回到开始说的问题，其实这个问题隐含了另一个问题：心理学应该研究什么？心理自身是需要和外界相互影响的，而感知觉恰恰是这个过程的开始。感知觉的运行机制，是心理学应该研究的对象，它本身就是心理运转机制的一部分。

感知觉的形成肯定是建立在眼睛、耳朵等器官的功能上的。如果从功能本身讲，它似乎和生理的关系就很密切，但是心理学更多的是从体验的角度来探索。形成感觉之后，人是能够意识到的。这是同一个过程，就像一枚硬币，从一面看好像更偏心理，从另一面看就更偏生理。

另外，关于视、听、味、嗅、触的质量和心理的关系，这个问题也很有意思。我觉得可以从两个方面看：一方面，在心理学领域里面，有一门学问叫心理物理学，就是研究物理量的变化如何影响心理量。比如，同样是痛觉，10伏、20伏或30伏的电击产生的痛觉，是怎么变化的？这就引申出来一些定律，像费希纳定律、斯蒂文森定律，都在讨论他们之间的某种关系。

另一方面，相同的刺激出现在不同人的身上，感受也是不一样的。有人的视觉特别敏锐，有人的听觉特别敏锐，存在着个体差异。心理学也会关注这些问题，例如与"感觉阈限"概念相关的实验，就是在讨论怎样的物理量能够引起人的感觉。

彭老师说

我想改变一下问题的提法。感知觉不只是"生物学家、生理学家或者医学家应该研究的内容"，同时也是心理学家应该研究的内容。这里涉及现代科学不同学科之间的关系。生物学家、生理学家或者医学家和心理学家在研究感知觉方面的关系不是相互排斥的，而是相互合作的。他们都研究感知觉，正说明感知觉的重要性。其中生物学家和生理学家侧重研究感知觉的生理（生物学）基础；医学家侧重研究感知觉的障碍和治疗；而心理学家则研究感知觉本身，从心理过程到行为，从微观到宏观，从基础到应用，形成了感觉心理学和知觉心理学等分支学科。

心理学研究感知觉的意义在哪里呢？

感知觉是一切高级、复杂的认识活动的基础，也是人的全部心理现象的基础。人的记忆、思维等复杂的认识活动必须借助于感知觉提供的原始资料；人的情绪体验，也必须依靠人对环境和身体内部状态的感知觉；人的态度和信念也是基于感知觉经验才发展起来的。总之，没有感知觉，一切较复杂、较高级的心理现象就无从产生。因此，研究感知觉对理解知识的起源具有重要的意义。

研究感知觉也有重要的应用价值，是人脑获取信息的唯一途径。通过感知觉，人能够认识外界物体的颜色、明度、气味、软硬等，从而能够了解事物的各种属性。我们阅读书报，看手机上的信息，依赖于视觉；和朋友交谈，欣赏电视中的音乐，依赖于听觉；品尝各种美食佳肴，依赖于味觉和嗅觉；参加篮球或羽毛球赛，依赖于动觉和平衡觉等。

感知觉还提供了生存和安全的信息。在通过交通路口时，正是视觉提供的不同灯光信息，使我们避免了交通事故的发生；凭借视觉和嗅觉，我们可以分辨食物的新鲜程度，避免误食过期、有毒的食物；通过感知觉还能认识自己机体的各种状态，如饥饿、寒冷等，因而能实现自我调节，如饥则食，渴则饮。没有感觉提供的信息，人就不能根据自己机体的状态来调节自己的行为。

人还能制造各种仪器设备改善自己的工作环境，防止感知觉功能的丧失。如设计出对特定声音信号具有选择性反应的助听器，帮助丧失听力的老年人。

心理的过程

09

我们为什么会遗忘?

心理学对记忆的研究,非常关心两个问题:我们为什么会遗忘?我们的记忆是否可靠?遗忘的原因一般说有三个:由**消退**引起的遗忘,由**干扰**引起的遗忘和由**压抑**引起的遗忘。

记忆的痕迹随着时间而消退,这是遗忘的第一个原因。早在 19 世纪,心理学家艾宾浩斯(Hermann Ebbinghaus)就关注了记忆问题。他用无意义的材料,研究了人是怎样遗忘的。他发现开始时遗忘的速度较快,以后趋向稳定,这就是有名的艾宾浩斯遗忘曲线(见图 9-1)。它是时间的函数,但和时间的关系不是线性的。

尽管不同的材料会有不同的影响,有意义的材料会比无意义的材料遗忘得慢些，有些与情绪有关的材料，甚至一次就能记住终身，改用有意义的材料，记忆的效果会提高，但遗忘的进程差不多。

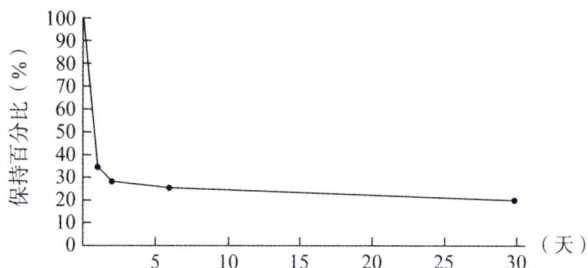

图 9-1　艾宾浩斯遗忘曲线

干扰也能引起遗忘。心理学的研究表明，记忆前后发生的活动都可以起干扰作用。我们有这种经历，在记忆一系列单词时，两头的词汇容易记住，而中间的词汇容易出现遗忘，就是由前后的记忆活动的干扰造成的。这种现象叫记忆的序列位置效应。同样看电视新闻节目，两头的节目容易记住，而中间的节目遗忘得较多，这是指一般的情况，如果中间的新闻特别重要，就另当别论了。

心理学家洛夫特斯（Elizabeth Loftus，1975）进行过一个非常有名的实验。她安排被试观看一段视频，视频中有 8 名"示威者"冲进了教室。在视频播放后，把被试分成两组，分别完成不同的问卷。其中一份问卷是：在闯入教室的 4 名示威者中，带头人是男的吗？另一份问卷是：在闯入教室的 12 名示威者中，带头人是男的吗？一个星期后，要求所有被试完成第二份问卷：你看到有多少人闯进了教室？第一组被试回忆起的平均人数为 6.4 人，第二组被试回忆起的平均人数为 8.9 人。由于在第一次问卷中提示的人数不同（4 人和

12 人），两组被试在回忆的人数结果上有显著差别。

这个研究在美国司法界曾引起很大的轰动，因为它说明某些目击者的证词其实是不可靠，或不完全可靠的，要想不出现冤假错案，还需要更直接的证明。

情绪或动机的压抑作用也能引起遗忘。这种现象首先是由弗洛伊德在临床实践中发现的。他在给精神病人施行催眠术时，发现许多人能回忆起早年生活中的许多事情，而这些事情在后来就回忆不起来了。他认为，这些经验之所以不能回忆，是因为回忆会使人产生痛苦、不愉快的情绪，于是人们拒绝它们进入意识，将其存储在无意识中，也就是被无意识动机所压抑。只有当情绪联想减弱时，这种被遗忘的材料才能被回忆起来。在日常生活中，由于情绪紧张而引起遗忘的情况，也是常有的。例如，考试时由于情绪过分紧张，致使一些学过的内容，怎么也想不起来。

心理学家夏克特（Daniel Schacter，1999，2001）总结了记忆的"七宗罪"，也就是记忆可能出现的 7 种错误：

（1）易逝，随着时间的推移，人们忘记了曾经发生的事情。

（2）心不在焉，由于缺少注意而引起的记忆失败。

（3）记忆阻滞，就是平日所说的"舌尖现象"，想起某件事，但就是提取不出来。

（4）记忆错位，回忆时出现信息混淆，如错误再认、出现似曾相识的体验等。

（5）受暗示性，将来自外部的误导性信息综合到个人回忆中而引起错误。

（6）记忆偏差，当前的知识、信念和感受扭曲了曾经经历过的回忆。

（7）持久性，人们希望忘记的某些事件，却频繁地入侵到现在的记忆中。

由于有这些错误，我们在日常生活中就需要谨慎对待记忆提供的信息，如凭借目击者证言进行案件审判时，要尽可能避免记忆中错误信息的干扰和影响。

但这些错误并不意味着，人类选择了一个效率极低的记忆系统。正如夏克特所说："记忆中出现的这些不完美的现象，却是人的记忆系统正常高效运作的偶然产物。"在某种意义上，遗忘也是一件好事情。人脑的容量有限，不能也不应该把所有接收过的信息都保存下来；人对自己不喜欢的事情也需要通过遗忘来摆脱它们的消极影响。如果人的记忆系统把所有输入的信息都保留下来，不能区分需要的和不需要的，那么整个记忆系统就可能出现崩溃。

记忆损伤的研究也是一个重要的研究领域。其中最常见的一种记忆障碍是老年性阿尔茨海默病（AD），患者会出现不同程度的记忆障碍，如外出时，不知道回家；出门时忘记带钥匙；不认识自己的朋友，甚至亲人等。其发病的原因非常复杂，通常与脑内某些神经递质的异常有关。根据《中国阿尔茨海默病报告2021》的数据，中国现存人口中约有1324万人患有阿尔茨海默病。随着老龄社会的到来，这种障碍对人类生活的影响越来越严重。如何从认知功能上对AD进行早期诊断与康复治疗，是心理学研究的一项重要任务。

有　用　的　知　识　增　加　了

为什么"事后诸葛亮"常常不对？

生活中我们常常会遇到一些"事后诸葛亮"，当一个问题出现后，这种人总会说：我早就说过了，然后滔滔不绝地把他的"先见之明"再说一遍。这种人提到的先见之明却常常是错误的，失实的。为什么这样？心理学家的研究发现，长时记忆中保存的信息并不是一成不变的。随着新的信息的输入和新的记忆的产生，旧的记忆可能会消失或在新的记忆的影响下发生改变。正因为这样，所有记忆其实都是不准确的，随着时间的推移，准确性会越来越低。由于新的信息的加入而引起的长时记忆的错误提取，称为信息误导效应（The misinformation effect）。那些"事后诸葛亮"正是由于信息误导效应而出现错误。

10

"灵感闪现"是怎么回事?

　　人在解决问题的过程中，常常会出现突然"开窍"的现象，这种现象是格式塔心理学家科勒最先发现的，叫"顿悟"。在一个猩猩实验中，猩猩被关在笼子里，笼子的上方吊着一串香蕉，笼子的下方摆着几只木箱。猩猩开始试图跳起来拿到香蕉，尝试了几次，都失败了。过了一会儿，它突然想到一个方法，把木箱摞到香蕉的下面，爬上木箱，最终拿到了香蕉。科勒认为，猩猩在解决问题时，没有一直采用尝试错误的方法，而是领悟到了香蕉与木箱之间的关系，进而成功地解决了问题（见图 10-1）。

　　在解决问题时，我们经历过的"灵感"凸显的时刻，其实就是顿悟的时刻，其特点是突然发现了某些事物和现象之间的关系，因

图 10-1 顿悟实验

而找到了解决问题的途径。生活中我们解决那些"脑筋急转弯"的问题，也不能用常规的方式想问题。当你变换了几种想法，突然悟出某种联系或关系，最终得到了正确答案时，或者当别人把答案告诉你时，你会情不自禁的说，"啊！我想起来了"或者"啊！原来是这样"，这时的状态也是"顿悟"。

中国学者罗劲等人（2003）采用脑成像技术，研究了顿悟的脑机制。实验时让被试猜谜，当他们久思不得其解，而突然被告知答案（顿悟）时，用磁共振设备记录了被试大脑的血流量，结果发现，"顿悟"激活了大脑的广大脑区，其中右侧海马在打破思维定势时有重要作用。

决策是与"灵感闪现"有关联的另一种心理现象。日常生活中，我们经常需要做出决策，例如，高中毕业时要报考大学，选择什么学校，读哪个专业；去商场购物，选择什么品牌和价位的商品，都需要进行选择，并做出决定。决策有两类，**确定性决策**和**风险决策**。当决策的条件比较确定，备选的方案也比较明确时，这种决策叫确定性决策，如在餐厅选择什么食物时，你只需要根据自己的口味和可接受的价位进行选择就可以了，因此比较容易，不会带来无法挽回的效果；当决策的条件不确定，备选的方案很多，且可能带来极其不同、甚至相反的结果时，这种决策叫风险决策，如在股票市场进行投资，对股票的选择就是一种风险决策，有的选择会给你带来利益，有的选择会让你倾家荡产。另外，人们在进行决策时，也经常会表现出一些决策倾向或偏差，感兴趣的读者可以读读决策心理学相关的书籍。

11

为什么要研究语言？

人生活在一个语言环绕的世界里。我们和朋友、同事、老师、父母、亲戚之间的交往，主要是通过语言来实现的。除了说话以外，我们还要看书、读报，看电视或上网、听广播或播客，从中获取大量的知识和信息。这些活动也需要语言。只要我们醒着，无时无刻不处在语言的包围之中。即使是在梦中，许多人也会不时地说上几句梦话，或者梦见和别人说点什么。可以说，语言是人类社会的第一大财富，社会得以延续和发展，人类能够创造物质和精神文明，语言有很大贡献。人类一旦失去了作为交流和沟通的主要工具——语言，社会生活将是不可想象的。所以伽利略说，语言是"人类所有发明中最伟大的发明"。

但是，对于一个普通人来说，要学会和使用语言似乎又是一件十分自然的事情。我们说不清楚自己是怎样学会和使用语言的，人们对什么是语言缺乏一个明确的认识。

人和动物都有交际系统，当蜜蜂发现了蜜源之后，它会以舞蹈的方式向同伴报告花蜜的方位、距离以及数量的多少；鸟类会以不同的鸣叫表达不同的含义，比如有的叫声表示周围有危险，而另外的叫声则告诉同伴发现了食物；鱼类会以某些特殊的游泳姿态作为信号，传递食物或危险的信息，或者需要"朋友的帮助"。但这些交际手段都没有语言的特点。

语言比任何其他的符号系统都更复杂，也更重要。语言的复杂性表现在，语言具有**任意性**。中国人把用文字记载知识的东西称为"书"，而英国人却称为"book"；我们中国人称为"太阳"的东西，美国人称为"sun"，虽然是指同一事物，但是不同的民族用不同的语言来表示。也就说语言这种符号系统具有任意性，在语言中用什么声音形式代表某一意义从根本上说是任意的，语言的语音同它所指代的事物之间没有必然的联系，它具有"约定俗成"的性质。只要使用这种语言的人群共同认可，就可以用它进行交流。

任意性带来了语言的**概括性**，这是语言符号不同于其他符号的特点。当我们说到"书"时，可以指面前某本特定的书，也可以泛指其他的书，如逻辑学的书，语言学的书，计算机科学的书，甚至是"用文字记载知识的一种东西"。文字的出现，可以将语言记录下来，极大地扩大了人的认知范围，使人们可以跨越不同的时间和空间，因而成为一种最有效的沟通工具。我们可以运用语言介绍自己的工作业绩，也可以把自己的经验传授给别人。

语言符号还具有**结构性**，它是按一定结构组织起来的。它可以用少量的音素构成语素，进而组成单词、短语和句子（图 11-1），再用数量无限的潜在句子来表达各种不同的思想和情感。语言的结构性决定了语言处理过程的**复杂性**。语言表达的基本形式是句子，人们利用语言这个符号系统，就能最广泛地表达社会生活各方面的需要。

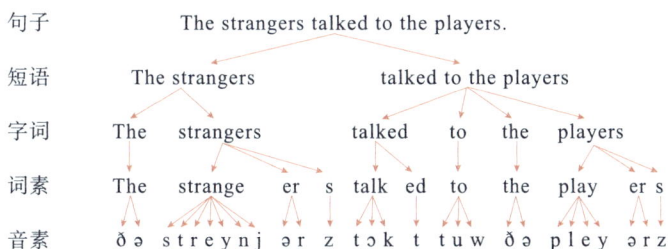

句子	The strangers talked to the players.
短语	The strangers　　　talked to the players
字词	The　strangers　　talked　to　the　players
词素	The strange er s talk ed to the play er s
音素	ð ə s t r e y n j ə r z t ɔ k t t u w ð ə p l e y ə r z

图 11-1　语言的结构性

语言和人的心理有密切关系。人的心理不同于其他动物的心理的重要原因，就是人能学习和使用语言。人和动物都有知觉，但人在知觉世界的同时能给物体命名，按照事物的特征进行归类，能辨别成千上万的单词，这些都是其他动物望尘莫及的；人和动物都有记忆，但只有人才能识记各种语言材料，在头脑中形成相应的心理词典；人和动物都有思维，但只有人才发展了语词逻辑思维，能间接概括地认识世界，揭示事物的规律，预见事物的发展进程。总之，语言作为一种特殊的符号系统，给人的心理带来了自觉性、能动性，精细性和丰富性等一系列重要的特点。因此只有了解语言的本质及其对人类智慧产生的重要影响，才能真正了解人的心理的特点，揭示人脑的功能。

世界上有1000多种语言，每种语言中还有不同的方言。除了汉语，还有英语、日语、葡萄牙语、韩语等多种语言。不同语言间既有普遍性，又有差异性，使人类的语言异彩纷呈，各自具有不同的特点。因此，研究不同语言间的特点，揭示它们的普遍性和差异性，也成为心理学研究的重要内容。

在世界上的众多语言中，汉语是独具特色的。例如，汉语是一种声调语言，声调具有区分词义的作用；汉语的音节数较少，因而在构词时出现大量的同音词；汉语的构词法主要采用合成法，即通过词素的联合、偏正、主谓、动宾、动补等关系来建构新词；在汉语构词法中，虽然也存在前缀和后缀，但这种方法远不如英语丰富；在汉语中，词性的确定较难，许多动词和名词书写时往往是一样的。语言的这些特点，表现在与它对应的汉字上，也形成了世界上独具特色的一种文字。研究汉语认知的特点，是心理学的一项重要任务。

当人们丧失了语言功能的时候，也就是得了不同的失语症后，它所带来的困难立刻就显示出来了。有的失语症叫作表达性失语症，该症通常是由左侧布洛卡区损伤造成的。这些患者无法正常说出语言，而只能断断续续地把词"蹦"出来，就像拍电报一样。也有些失语症叫接收性失语症，通常是由左侧颞上回后部、赫氏回的尾端损伤造成的。这些患者可以流畅地说出语言，但说出来的话语没有意义，别人也听不懂他们说了些什么。还有一类语言障碍叫发音障碍，如口吃，说话者说话时会出现不必要的重复、停顿，磕磕巴巴的，说不清楚。研究各种语言障碍的成因、特点，给予患者应有的帮助，也是心理学研究的重要内容。

彭聃龄 教授　　　丁国盛 教授

心理学家和语言学家的研究有什么不同？

心理学家研究语言对我们的生活有什么帮助？这个语言与我们常说的文学有没有关系？都是研究语言，心理学家研究的语言与语言学家有什么不同？

· · · · ·

丁老师说

· · · · ·

　　心理学家和语言学家研究语言的一个关键的不同是，语言学家更多的是从语言现象入手。语言本身作为一个符号体系，它有使用的规则、语法体系、语义语法等，语言学研究语言本身，而心理学家研究语言发生的过程。人使用语言的过程，是怎么实现的？怎么去理解语言？理解的过程是怎样的？怎么产生语言？有什么样的过程阶段？以及大脑是如何实现这些过程的？

这就出现了有趣的交叉学科，如语言心理学或心理语言学。从学科归属上来讲，心理语言学是属于语言学的一个分支，语言心理学是心理学的一个分支，各有侧重，但二者在研究主题和内容上又有很多重叠。

那么，心理学研究语言对生活有什么用呢？有时候纯基础研究可能不一定马上能看到它的作用。基础研究就有这个特点，它的应用场景有时不是那么明确。但这些研究是不是就没有应用价值呢？当然不是！例如，语言困难的矫治，不管是阅读困难（障碍）还是口吃，一些基础性的理论研究都可以为这些困难（障碍）的矫治提供帮助。它可以揭示这些困难到底出在哪，了解困难产生的机制，有针对性地提出一些干预和训练的方案。另外，基础研究也能为在语言学习中学得又快又好提供相应的方法。

语言和思维到底是什么关系？这是一个经典的问题。对语言及其加工机制的研究，有助于我们理解人类心智运作的模式。人类的智能为什么不同于其他动物，有什么特殊的地方？语言就是研究这个问题的一个非常重要的突破口。动物没有成熟的语言体系，不能说动物没有语言，但是它肯定不像人类的语言体系那么复杂，而人类的智能可能和语言这种工具有着极为密切的关系。

关于语言和文学的关系，这个问题很有意思。文学肯定离不开语言，特别是文字，因为文学的载体是文字。有的语言学家像索绪尔，他认为文字就是一个语言的记录系统，所以研究语言其实可以不考虑文字；但是也有语言学家认为文字本身就是语言系统的一部分，它是口语＋书面语的双符号系统。但语言又不同于文学，这一点可以听听彭老师的想法。

著名语言学家乔姆斯基曾将语言区分为语言能力和语言应用两个方面。语言学是研究语言本体的一门学科，它研究作为交往工具和表达思想工具的语言，也就是语言能力，包括音位学、句法学、语义学等许多方面；而心理语言学则研究语言的使用，它揭示人们使用语言能力的过程，包括语言的理解、获得和生成的过程。

心理学研究语言最初主要关心阅读问题，而不是文学问题。文学是借助语言文字来表达作者思想和感情的一个学科。在文学看来，每个个体都是活生生的、有血有肉的"人"，它通过语言和文字，描述和刻画人物的性格，形象地反映生活，表达对人、对社会的感情，唤起美的感受。而不像心理学那样，把语言看成一个独立的进程，主要研究语言的感知和理解、语言的生成、儿童语言的获得与发展、语言与脑的关系等，并且采用实验的方法和技术，这是两者最大的区别。

语言是区别人与其他动物的重要标志，也是区别人的心理与其他动物心理的重要标志。人的心理不同于其他动物的心理，就是因为人能学习和使用语言。人和动物都有知觉，但是只有人才能命名知觉的对象，将对象划入某个范畴，能分辨成千上万的单词，这些都是其他动物所达不到的；人和动物都有记忆，但只有人才有语义记忆，在人脑中构成复杂的网络；人和动物都有思维，但只有人的思维能揭露事物的本质和规律，预见事物的发展进程。因此，只有研究语言的本质及其对人类智慧产生的重要影响，才能真正了解人的心理的重要特点。

研究语言还有重要的实践价值。语言是人类最重要的信息载体。人的知识经验主要靠语言来传播。在现代信息社会，语言的交际功能显得越来越重要。在计算机与网络世界，语言不仅是人们交往的工具，而且也成为人机交往的工具。资料检索、机器翻译和人工智能的研究，都依赖正确理解和表达语言。

12

注意有什么作用？

19 世纪俄国教育家乌申斯基说过，"注意是心灵的窗户"，知识的阳光只有通过它才能照射进来。我们前面介绍的一些认知现象大部分都是在注意状态下进行的。

心理学研究发现，注意的基本作用是对由感觉输入的大量刺激或信息进行选择。人不能同时处理太多的信息，而只能选择其中一部分进行处理。比如在《韩非子·功名》中，就有"右手画圆，左手画方，不能两成"的说法。注意担负了对信息进行选择的功能，即选择有限的、重要的信息进行处理，排除无关信息的干扰。

在鸡尾酒会上，人们在聊天时，可以有效排除周围嘈杂的环境干扰，把注意力集中在交谈对象的话语上，使交谈不受影响。然而，如果这时周围有人聊天时提到了你的名字，你会很容易捕捉到这一信息，并将注意转向这个人，这是因为自己的姓名对你来说格外重要。这种现象被称作"**鸡尾酒会效应**"。

有人把注意比喻成一个狭长的瓶口。当人们往瓶内灌水时，一部分水通过瓶颈进入瓶内，而另一部分水由于瓶颈狭小，通道容量有限，而留在瓶外了。这样，瓶口就起到了一个"过滤器"的作用，这就是注意的作用。

注意还担负抑制无关信息的功能。人在完成两种或两种以上的任务时，常常需要有选择地注意一种任务，而主动抑制其他的任务。例如，在左手画圆时，要抑制右手画方；在说外语时，要抑制母语干扰。因此，研究信息的抑制同样是心理学家的一个重要任务。对于能使用两种语言的人，与单独处理母语的情况相比，在交替使用两种语言时对母语的信息处理速度会显著变慢，而对第二语言的处理速度并没有明显减慢，或减慢的程度比母语要明显低。造成这种情况的原因是，在使用第二语言时，其母语处于被抑制的状态，在需要重新使用母语时，需要额外的努力使母语词汇从被抑制的状态中唤醒，因而处理时间更长。这种对不同语言的抑制和唤醒都是通过注意的作用来完成的。

人在同一时间内完成一种以上的任务时，还存在认知资源分配的现象。例如，汽车司机在开车时，既要用手握住方向盘，脚踩油门，还要注意路况、行人和某些突发的情况。这种现象被称为注意分配。

注意分配受到环境条件的影响。例如，在交通状况良好时，一个熟练司机可以毫无困难地一边开车一边和别人交谈。但是当交通非常拥挤时，他必须小心翼翼地开车，这时他和别人的谈话可能不得不停下来。刺激或任务越复杂，占用的认知资源就越多。当认知资源完全被占用时，新的刺激将得不到加工（未被注意）。另外，对认知资源的分配不是自动完成的，而是在认知系统内有一个机制负责资源的分配。这一机制是灵活的，可以受我们的控制，这样我们可以根据需要，把认知资源分配到重要的刺激或任务上。

并不是所有的加工都需要认知资源。当一种加工过程非常熟练，可以自动化进行时，就不需要占用认知资源，即不需要注意的参与。这类加工被称为"自动化加工"，例如，初学一种动作技能（如骑自行车）时，需要全神贯注，注意力高度集中。当经过不断练习，已经熟练掌握这一技能时，相应的加工或动作就成为自动化过程，不需要占用注意资源了。比如，我们能一边骑自行车一边欣赏路边的风景，或是一边看电视一边织毛衣等，这是因为骑自行车或织毛衣已经成为自动化过程了，不再占用注意资源。

总之，在注意状态下人们才能有效地监控自己的动作和行为，从而达到预定目的，避免失误，顺利完成相应的工作任务。注意保证了人对事物更清晰的认识、更准确的反应和进行更可控有序的行为，是人们获得知识、掌握技能、完成各种智力操作和工作任务的重要保证。

13

什么是意识？

一位 42 岁的美国女子，体重达到了 120 多千克，而她年轻时有着正常的体重，还不到 60 千克。尽管她努力节食和锻炼，通过各种办法来控制体重，但效果一直不佳，而且越来越糟糕。她的体重曾在短短 2 个月里就增加了 20 千克。她对此一直困惑不解。后来，在 8 台夜视摄像机的帮助下，睡眠专家解开了谜底——专家们发现，她一个晚上竟去了 8 次厨房，吃下超过 2000 卡路里的食物。而这一切都发生在睡梦中，醒来后的她对此完全没有意识，也没有相关记忆。

那么什么是意识呢？似乎每个人都知道意识是什么，但真要给它下个定义却并不容易。而且，不同的人在使用意识这个概念时，所代表的含义也不完全相同。一般来说，意识是一种内部心理状态，代表了个体对周围环境和自身状况的一种"觉察"，比如看到窗台上摆放的鲜花，听到对面楼上传来的音乐等。同样，人也能觉察自己正在进行的心理活动、情绪体验以及身体状况。比如计划周末去哪儿度假，为即将到来的考试焦虑，或感到身体疲劳等。但是，人们经常"夸大"了对刺激的觉察能力。我们先来做个测试：先看图 13-1，当你觉得已经看得非常清楚，再看图 13-2。人们常常难以判断这两张图是否存在差异以及差异在哪儿。实际上，图 13-2 比图 13-1 多了一块砖，但很难被觉察到。

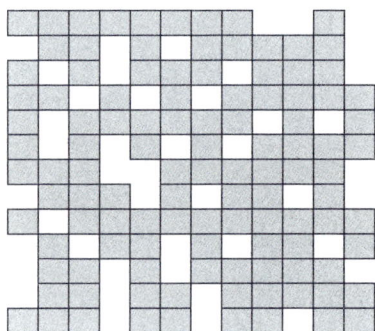

图 13-1　残缺的砖墙（原图）

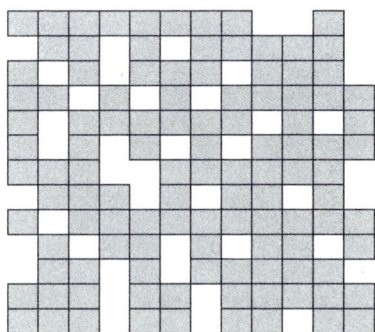

图 13-2　残缺的砖墙（对比图）

意识也包括对行为的主动控制，且与自动化的动作相反。例如，人们可以有意识地选择去哪儿散步，而在散步过程中，如何维持身体平衡，先迈左腿还是先迈右腿则通常是自动化的，不需要意识的干预。

与意识相对的是无意识，是相对于意识而言的，是个体觉察不到的心理活动和过程。按照精神分析学派弗洛伊德的观点，包括大量被压抑的观念、愿望、想法等。这些观念和愿望因为和社会道德存在冲突而被压抑，无法出现在意识中。有人把人的心理比作一座冰山，其中意识便是冰山露出水面的顶端部分，大部分的心理活动或过程是水面以下的无意识的部分。认知心理学认为，无意识过程主要用于完成一些背景任务，例如筛选各种感觉信息。在我们面对大量信息时，无意识可以对这些信息进行监控、分类和存储。

一种常见的无意识现象是**阈限下知觉**。什么是阈限下知觉呢？我们先要明白什么叫**感觉阈限**。作用于感觉器官的各种刺激，必须达到一定强度才能引起感觉。例如，光的强度太弱不能引起视觉；声音的强度太弱，不能引起听觉。感觉阈限这个概念就是用来说明刺激强度与感觉的关系。刚刚能引起感觉的最小刺激量，被称为**绝对感觉阈限**。同样，当两个同质刺激的强度不同时，只有其差异达到一定程度，个体才能感觉到两者间的差别，这种能够引起差别感觉的刺激的最小差异量，叫作**差别感觉阈限**。问题是，当刺激强度低于感觉阈限时，这些刺激对人的活动真的没有影响吗？研究表明，并非如此！心理学家发现，当人们感觉不到这些刺激（阈限下刺激）存在时，这些刺激仍能引起或改变人的行为或生理反应。这种现象就叫**阈限下知觉**。人没有意识到这种知觉，但它对人的行为仍然有影响。

比如，研究者向被试呈现一些包含字母和数字的卡片，并调整被试和卡片之间的距离。随着距离的增大，被试会报告说看不清卡片上是什么，或者除了暗淡的模糊斑点外，什么也看不到，这说明在这种距离下，被试无法对字母或数字产生有意识的知觉。但是，如果这时研究者从呈现的卡片中，选择一些字母或数字，要求被试做"是或否"的选择，被试选择的正确率会远远超过概率水平。这说明，尽管被试对这些数字或字母没有有意识的知觉，但某种知觉过程仍发生了。

类似的研究还有：研究者先快速（如 1/100 秒）呈现一些具有情绪色彩的图片，比如一张发生严重车祸后血淋淋的现场照片。这时被试看不清图片的内容是什么。之后让他们看一些没有情绪色彩的图片（中性图片），要求他们报告说"喜欢哪张？"这时研究者发现，被试对中性图片的判断表现出厌恶的倾向，说明他们对中性图片的判断受到了前面的负面情绪图片的影响。

上述研究说明，意识和无意识是有联系的、一个完整过程的不同部分。意识以无意识为基础，当无意识活动达到一个特定的阈限值后，就可能变为有意识的过程。

14

机器人有意识吗?

　　进入 2023 年，社交聊天机器人 ChatGPT 突然火爆出圈，成为社交媒体和公众舆论争相追逐的明星。ChatGPT 于 2022 年 11 月底发布，仅 5 天时间，注册用户就超过 100 万，在短短两个月的时间内，活跃用户超过一个亿，成为史上用户增长最快的消费者应用软件。ChatGPT 可以编代码，做评论，给出专家建议，进行趋势预测等，看起来无所不能。一时间，问 ChatGPT 各种刁钻的问题，看它如何回答成为一项人人争相参与的公众娱乐活动。

　　尽管人工智能（AI）是近些年最活跃的科技领域，但并不是随时都能上热搜或新闻头条。如果记得没错，上一个机器人明星是谷歌旗下 DeepMind 公司于 2016 年推出的会下围棋的阿尔法狗（AlphaGo）。

当时阿尔法狗二代（AlphaGo Lee）与世界围棋冠军、韩国职业九段选手李世石的比赛，吸引了众多媒体和公众的目光。最终 AlphaGo Lee 以 4 ：1 的总比分战胜李世石，更让人们惊呼，机器人的智慧已经能够完胜人类智慧。2017 年，升级版的 AlphaGo Master 在网络上先后战胜了中、日、韩围棋界的顶级高手，取得 60 胜的骄人战绩。同年在中国乌镇举行的围棋峰会上，AlphaGo Master 以 3 ：0 的比分战胜了世界围棋冠军柯洁，宣告在围棋领域人类已不是人工智能的对手。之后，新一代 AlphaGo Zero 被推出，诞生 3 小时后，在没有人类经验知识的输入下，通过自学学会了下围棋；诞生 36 小时后，它就以 100 ：0 的碾压战绩打败了 AlphaGo Lee；经过 40 天的训练后，以 89 ：11 的比分击败了 AlphaGo Master。

其实人工智能在棋类博弈中战胜人类早有先例。早在 1997 年，一台名叫"深蓝"的 IBM 超级计算机在经过 6 局规则比赛的对抗后，成功战胜国际象棋世界冠军卡斯帕罗夫，已经引起了轰动。而 2018 年，DeepMind 采用新算法开发了单一系统 AlphaGo Zero，经过短期的自我学习后，AlphaGo Zero 就完胜国际象棋、日本将棋及围棋当时最强的智能系统。比如，仅用 4 小时的自我学习，就超越了最强的国际象棋智能系统 Stockfish；仅用 2 小时的自我学习就超越了日本将棋的最强智能系统 Elmo；仅用 8 小时就战胜了前面提到的围棋最强智能系统 AlphaGo Zero。至此，人类智慧在棋类博弈中已完全不是人工智能的对手。好在，人类与人工智能的对抗中还有一个重要堡垒——**意识**。

机器人可能有意识吗？人类能不能制造一台有意识的机器？这

是很多人关心的一个问题。在很多科幻电影中，机器人不但可以拥有意识，甚至还能控制人类，如《黑客帝国》（Matrix）系列中，真实世界的人类被机器人囚禁，成为虚拟世界的能源提供者。然而这只是科幻电影而已。关于机器是否可以有意识，又依赖于对意识如何定义。什么是意识？怎样才算有意识？1950 年，英国数学家阿兰·图灵（Alan M. Turing）提出一个用来测试机器是否能像人类一样思考的方法："能否制造出一种机器，当你和它用电传打字机交流时，你无法区分它是不是人类？"换句话来说，如果用我们平时交流所用的语言通过电脑屏幕与人类或人工智能程序进行互动，互动内容可涉及任何话题。一定时间后，如果我们无法确定对方是人类还是人工智能程序，那么就可以说该人工智能程序能够像人类那样思考。

无疑，ChatGPT 在这个方面向前迈了一大步，对于各种稀奇古怪的问题，它都能给出一个看上去像模像样的回答。如果提问的人并不知道答案，会觉得它的回答非常不错甚至相当专业。知道答案的人，则会发现 ChatGPT 有时会"一本正经"地给出一个错误回答。

然而，即使计算机能够成功地回答问题，也并不意味着计算机真正"理解"问题。约翰·塞尔（John R. Searle）博士设想了一个**"中文房间"**的思想实验。他想象自己待在一个封闭的房间当中，别人在外面将写着中文字的纸条，从门缝下边塞进去，他通过运行程序指令得到问题的中文回答，并将答案传回门外。尽管看起来他提供的答案是有意义的，但事实上他完全不懂中文，中文对他来说只是没有意义的符号。所以，即使计算机能够回答和解决问题，但并不真正"理解"问题，就好像他在这个实验中并不理解中文一样。

人工智能在模拟人类的理性思考和有明确规则的逻辑推理方面并不困难，甚至更有优势，而基本感知对人工智能来说却是极大的挑战。以图像识别为例，让计算机来做一个题目：这幅画里有什么地方不对劲儿？如果画中的物体漂浮在空中，猫的脑袋长在了狗的身体上，对人类来说，一个 6 岁小孩就能轻松指出不合理的地方，而计算机却无法做到。判断随意给出的一张图片是否合理，需要海量的知识为背景，还需要对图片的各个部分及其关系的意义有整合的认识。而在计算机眼中，所有"像素"只是把红、绿、蓝三种原色按一定比例混合形成，它们随机构成一幅画面，并没有具体含义或意义。计算机或许可以从储存有上百万张脸部图像的数据库中，搜索出某个疑似恐怖分子的面孔，但它们判断不出其性别、大致年龄和种族，也看不出他是在皱眉还是在微笑。对于一个有正常意识的人来说，这些问题的答案可以说是一目了然。同样，人脑可以轻松地从一片复杂的背景中，把被扭曲的知觉对象分离和识别出来，而对计算机来说就异常困难。这就是目前广泛应用的"验证码"所依据的原理。

实际上，当我们说"意识"的时候，并不仅仅是说能够识别和思考，更重要的是我们面对现实世界时产生的那种生动的感受和体验。比如，看见一朵美丽的鲜花，它的艳丽的颜色、多姿的形状、芳香的气味会使人产生一种独特的意识经验。这种意识经验是主观的、个体专属的、无法和其他人分享的。哲学上有一个专门术语"qualia"，用来表达这种主观意识经验。那么，是否人工智能真的能使机器人拥有像人类那样的"qualia"呢？研究者对此众说纷纭。有人认为，意识是像人脑这样的复杂系统所具有的一种属性，这样的复杂系统有自己特有的因果联系，并以特定的方式与周围的世界相互作用。如果我们可以制造一台像人脑一样去工作的计算机，那么它就可以拥有人类那样的意识。这并非是不可能的。但仍有很多人心存怀疑，认为人和机器之间有一条不可跨越的鸿沟，其主要标志就是人类可以拥有独特的意识经验而机器则不能。可以预见，在很长一段时间内，这个争论还是会持续存在。

无疑，未来的意识研究需要多学科交叉的共同努力，其中，认知神经科学被给予厚望。一般认为，意识是脑的功能。了解意识的奥秘，需要先弄清脑和神经系统的运行方式和工作原理。诺贝尔奖获得者弗朗西斯·克里克（Francis H. C. Crick）提出，研究意识要先从揭示意识与哪些神经细胞和神经组织相联系（即意识的神经相关物）入手。继《惊人的假说》（*Astonishing Hypothesis：The Scientific Search for the Soul*）之后，克里克和合作者克里斯托夫·科赫（Christof Koch）又出版了《意识探秘：意识的神经生物学研究》一书，系统介绍了这个领域的实验研究和最新进展。在未来的研究中，意识的神经过程的研究将是一个重要的主题。其他学科的进展对理解意识的本质也至关重要。比如，很多研究者已经注意到量子力学和意识的密切关系。而在哲学领域，已发展出一个以意识为核心的哲学分支——心灵哲学。总之，作为人类最有挑战性的课题，人们不会停止探索意识之谜的步伐。或许在不远的将来，随着科学的飞速发展，我们对意识会有全新的认识，让我们拭目以待。

彭聃龄 教授　　　　丁国盛 教授

只有注意到的信息才能成为意识吗？

我们生活中无时无刻都会用到"注意"，比如，我上课的时候，正注意听着老师讲课，然后因为一个想法冒出来，我的思绪就飘走了，不知道神游到了哪里，等意识到的时候，回过神来，老师讲的内容全都没有听见。难道只有注意到的信息才能进入脑中成为"意识"吗？

这个问题涉及注意和意识的关系，它们之间的关系非常密切，但又各有特点，并不是说一定需要注意或者是通过注意才能进入意识。

丁老师说

一方面，从意识的角度来讲，注意的内容在意识中是最清晰的，因为注意本身就是一种意识和思维的聚焦的状态。但是也有人在注意没有那么集中的时候仍然有意识，也就是说意识本身并不需要以注意为前提，即使没有引起注意的东西，也可能会成为意识的内容。

另一方面，注意和意识的侧重点不一样。注意相当于一个聚光灯，灯打到什么位置，人是可以控制的；意识更像是聚光灯照亮的部分，照亮的部分有一些边缘的、外周的内容，这些也有可能进入意识，但可能不是意识的核心。就像电视里的频道，注意就像选择频道的过程，意识就像屏幕上呈现的内容，注意一旦确定了，意识就会在屏幕上出现。所以它们强调的点不一样，注意更多强调的是心理状态或心理活动的指向，意识更多强调的是当下心理活动中可以觉察意识到的内容部分。

还有一种情况，就是思绪飘走了，当你突然意识到的时候，又拉回来。能够意识到自己的思绪飘走，并能及时拉回来，这是所谓的元意识。元意识强调对自己的意识状态的觉知，也就是说自己能够意识到自己正在做什么，自己能够意识到当下正在意识的内容，这是意识的一种高阶的状态。

这个问题问到丁老师很熟悉的问题了。自从他承担《普通心理学》教材的编写工作以来，就一直负责"意识与注意"这一章的编写。

彭老师说

我们和国外一些编写者有所不同，他们把意识和注意作为两个独立分开的问题来写，而我们把它当成一个问题，即意识是一个连续体，它的一端是无意识，另一端是注意，即意识的指向和集中，中间还有一系列阶段，如前意识的状态（借用精神分析的概念）。就像海曼德兹－皮昂（1966）的比喻一样，注意就像探照灯的灯光一样，是光源最集中、最充足的地方。人们能获得最清晰的印象，在亮光照射的边缘，事物就变得模糊不清了。

注意有选择功能、分配功能、持续功能和整合功能。当我们聚精会神地听老师讲课时，我们选择了讲课的信息，而离开了其他的信息，因而能最清晰地获得讲课的内容，这就是注意的选择功能；我们既要听老师的讲授，也要看他的板书，这就是注意的分配功能；我们的注意还能维持一段时间不变，这就是注意的持续功能；有人做过实验，在非注意的情况下，视野中的一些特征是游离的，即彼此是分开的，而在注意状态下，这些游离的特征就像被胶水黏在一起一样，把这些特征能整合在一起，这就是注意特征整合假设，也是 20 世纪知觉心理学中的一个重要发现。

但是，在意识的另一端，即无意识状态下，人还能处理外界的信息吗？心理学的研究也表明：可以！20 世纪 80 年代以来，一些研究证明，存在阈限下的知觉加工、视觉非注意视盲、内隐记忆和内隐学习等，它们都是在无意识状态下也能获得某些信息的实验证明。因此不是"注意到的信息才能进入人脑"，而是只有注意到的信息才能成为"意识"。意识有不同的阶段，而注意是指意识的指向和集中。

彭聃龄　教授

丁国盛　教授

人能自由控制自己的意识吗？

　　首先，人是能在一定程度上控制自己的意识的。像前面讲的意识和注意的关系，人能够有意识地控制当前注意的焦点，并根据任务的要求或者个人的兴趣，将自己的注意力集中在不同的对象上。在这个过程中，人的意识内容也会受到影响，也就是说人可以在一定程度上控制意识。

丁老师说

　　其次，不能夸大地说人能够完全自由控制意识。佛教里面讲禅定，禅定的目标其实就是一种意识控制的训练。我们说的"杂念"实际上就是人的自发思维过程，禅定的目标就是让它停下来，让心静下来。但实际上，要真正让思维和意识停下来是需要长期训练的，很难一下子就做到。所以，对于普通人来讲，能够在一定程度上控制意识，但又不能说可以完全控制或者自由控制，这些恐怕做不到。

　　首先要搞清楚意识是什么？意识是指人对外部世界和内部世界的觉知，它是人对自己独有的一种体验和状态，表现出人的自觉性和能动性。

彭老师说

　　我同意丁老师的看法，人可以控制自己的意识，但不是全部；可以控制自己的意识内容，但也不是全部。例如人可以调节在清醒状态下记忆的内容、自己的情绪状态、自己的决策和行为方式，但不能调节记忆和情绪的过程，也不能调节在睡眠状态下做梦的内容。在后面这些情况下，人的认知和情绪发生的具体过程、某些具体决策过程，是人"觉知"不到的，因此不能自由调节和控制。它们常常在无意识状态下发生，或表现为一种生物—心理过程。

　　例如催眠术、药物调节和一些特殊方法的调节（冥想）等，这些方式和手段都能调节一个人的意识，并改变人的行为。

　　这让我想起平日我们说到的自我调节，也就是"自由意志"的问题，人的行为是由意识支配的，是"自由"的；而人的意识又是由一系列条件决定的，因而又是不自由的，是"被决定"的。这是哲学家讨论的问题，和心理学关心的问题不一样。由此可见，有些心理的问题，不一定是心理学研究的问题，大家用了同一个概念，但内涵不同或者不完全相同，他们的研究有所侧重，这是不同学科之间的分工，作为初学者应该清楚。

15

心理学家如何研究睡眠?

说到意识和无意识，大家可能很容易想到睡眠和梦。心理学家如何研究睡眠呢？人睡着了，能对他进行客观的研究吗？回答是：能！一个重要的手段就是对睡眠过程中的脑电波进行记录。当一个人从清醒状态进入睡眠状态时，其脑电波会发生复杂的变化。通过精确测量这些脑电波的变化，并绘制出相应的脑电图，可以帮助我们更好地了解和揭示睡眠的本质。在记录脑电波的同时，研究也会记录人在睡眠时身体各项功能指标的变化，如呼吸、肌肉强度、心率、血压等，从而了解睡眠过程中的生理变化。

根据脑电波的特征，睡眠可以分为四个阶段（见图 15-1）。第一阶段为浅睡状态，持续时间约为 10 分钟。在这个阶段，个体身体

清醒 β 波	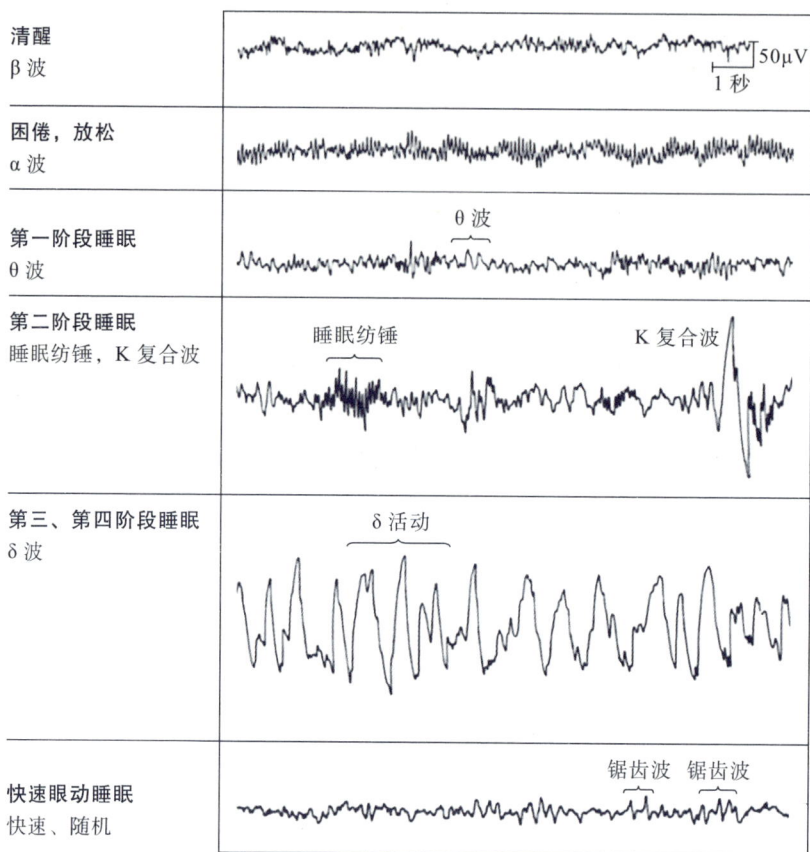
困倦，放松 α 波	
第一阶段睡眠 θ 波	θ 波
第二阶段睡眠 睡眠纺锤，K 复合波	睡眠纺锤　　　　　　　K 复合波
第三、第四阶段睡眠 δ 波	δ 活动
快速眼动睡眠 快速、随机	锯齿波　锯齿波

图 15-1　睡眠各个阶段的脑电波记录

放松，呼吸变慢，但很容易被外部的刺激惊醒。这个阶段的脑电波主要是混合的、频率和波幅都较低的脑电波，会出现 θ 波。之后进入第二阶段，第二阶段的持续时间约为 20 分钟，身体会进一步放松，低频脑电波的比例增加，偶尔会出现一种短暂爆发的、频率高、波幅大的脑电波，每秒振动次数为 12~16 次，称为"睡眠锭"或"睡眠纺锤波"，出现"睡眠锭"，是进入第二阶段的标志。在这一阶段，个体较难被唤醒。在第三阶段，脑电波的频率会继续降低，波幅变大。这个阶段大约持续 40 分钟，之后进入第四阶段。在这个阶段，个体的肌肉进一步放松，身体功能的各项指标变慢，有时发生梦游、梦呓、尿床等。第三、第四阶段的睡眠通常被称为"慢波睡眠"（慢波即指 δ 波）。几乎所有人的睡眠都会经历这四个阶段。如果睡眠模式异常，就预示着身体或心理功能的失调。

除了上述四个阶段外，还有一个特殊的睡眠阶段，被称为**快速眼动睡眠**（Rapid Eye Movement sleep，REM sleep）阶段。在这一阶段，脑的生理电活动与个体在安静、清醒状态时的脑电活动很相似。睡眠者的眼球开始快速做左右上下的运动，心律和血压变得不规则，呼吸变得急促，如同清醒状态或恐惧时的反应，而肌肉则依然松软。

快速眼动睡眠通常伴随着栩栩如生的梦境，如果在这个阶段把睡眠者叫醒，他们通常会报告说正在做梦。

做梦有意义吗？精神分析学派认为，梦是潜意识的显现，也是通向潜意识的途径。人类的潜意识主要包含了一些非理性的冲动或愿望，这些冲动和愿望在人清醒状态下受到压抑和控制，无法显现在意识中。而在睡眠时，意识的警惕性有所放松，这些冲动和愿望就会在梦中改头换面地表达出来。另一些心理学家则认为，人脑的神经活动并没有完全停下来，仍会有一些自发的神经活动。梦是人的认知系统试图解释这些自发活动，并为之赋予一定意义的过程。

　　最近的研究强调，梦和快速眼动睡眠在人的认知活动中发挥着重要作用。如剥夺动物的快速眼动睡眠会导致学习新材料的能力受损。对人类快速眼动睡眠的剥夺也会导致记忆力的下降，特别是那些带有情感色彩的事件。而充足的快速眼动睡眠和做梦则有助于新知识的学习和记忆。

16

如何认识催眠?

催眠是不同于睡眠的一种意识状态,一般通过催眠师的引导进入。而掌握一定催眠技巧的人,也可以对自己进行催眠。在催眠时,催眠师会要求被试完全放松,并将注意力集中在某些特定的事情上,如想象中的风景、表的滴答声等,催眠师用平和的语言引导或暗示被试的感受和体验,如"放松""你现在感觉非常舒适"等;这样被试就会慢慢进入完全放松的状态,顺从和接受催眠师的指示去做一些动作或事情,并相信催眠师的描述是真实的。

被试进入催眠状态后好像是睡着了,其实并没有入睡,催眠时的脑电记录与个体在清醒状态时是一样的。不同的是,在催眠状态下,个体的思维、言语和活动是在催眠师的指示或指引下进行的。

人在催眠状态中经常有一些"神奇"的表现，这些表现在清醒状态下是无法做到的。比如，在"人桥"演示中，被催眠者的身体可以变得像铁板一样僵硬，身体悬空，头和脚分别放在支撑物上，形成一座"人桥"，上面甚至站一个人都没有问题。在催眠师的诱导下，痛觉可以变得非常迟钝，用针扎也不觉得疼。这些表现常常让旁观者目瞪口呆。

并不是所有的人都能轻松被催眠。人群中，有10%~20%的人很容易接受催眠，约10%的人完全不能接受催眠。这是由于个体间易受暗示的水平存在差异。容易接受催眠的人通常对他人有较高的依赖性，想像力比较丰富，经常做情节生动的白日梦等。

现在催眠已被广泛应用于教育、心理治疗、医学、犯罪侦破和运动等方面。在心理治疗方面，催眠用于治疗恐惧症、酗酒、梦游症、自杀倾向、过量饮食、吸烟等。但是，除非病患的动机很强，催眠一般不会获得立竿见影的效果。如能配合其他的心理治疗，催眠的效果会更好。

有 用 的 知 识 增 加 了

人为什么能被催眠？

有些催眠师认为，催眠并不神秘，其实是我们日常生活中经常经历的一种意识状态，只是我们不容易觉察，比如我们入睡前，那种似睡非睡的状态，就非常接近催眠时的状态。催眠师的作用只是在特定的时间、地点把这种状态再次诱发和展示出来而已。也有人认为，催眠状态是人类意识的两种基本功能被分离的结果。人的意识有执行和监督两种基本功能，执行功能可以控制、规范自己的行为；监督功能可以观察、检测自己的行为。在正常情况下，意识的这两种功能是一起发挥作用的。催眠则可以分离这两种基本的意识功能，使两种功能之间的联系中断，从而达到催眠的效果。简单地说，在催眠条件下，个体进入了一种特殊的意识状态，其执行功能正常，并接受催眠师的指令，而监督功能不起作用或者被弱化。执行功能自动地执行了催眠师的指示，没有以个体的正常认知系统作中介。

彭聃龄 教授　　丁国盛 教授

人如果不睡觉会怎样？

睡眠是一种什么样的意识状态？睡眠又对我们有什么意义？

· · · · · ·

丁老师说

· · · · · ·

彭老师的《普通心理学》里"意识和睡眠"的那一章，当时是我编写的，里面也提到了很多的理论和说法。今天我们不说书上的内容，就说一说我个人的想法。

人作为一种生物体，睡眠是其神经系统的一种特点。人的神经系统需要一种从清醒到睡眠的周期性活动，其实不仅人有睡眠，动物也有睡眠，这是生物体的一种自然的状态。

睡眠是人的一种意识状态。人从最清醒的状态（在注意的状态下，意识是高度清醒和聚焦的）到一种比较休闲的状态，再到浅睡、深度睡眠，这些都是人的意识状态。人在不同的状态下，有不同的意识水平。

除了做梦时有意识参与，其他睡眠阶段是没有意识参与的，但实际上对于能够持续发挥功能的生命体——人来讲，人体在睡眠中还是在工作的，而工作的过程中，神经系统甚至精神层面仍然处于一种活跃状态，只是这种活跃状态没有体现为当事人的意识水平。也就是说，睡眠中发生的很多事情，因当事人当时的意识不清晰，或者说意识暂时处于类似中断的状态，而感受不到。当然，如果外界的刺激足够强，比如说比较大的噪声或者其他的刺激，睡眠中的人也是能感受到的。所以人在睡眠中容易被惊醒，是因为他能够接收到信息。但是如果单纯说睡眠状态的话，他的意识接受外界和自身的刺激的能力是下降的，尽管仍处于一种活跃的状态。

睡眠对我们有什么意义呢？

我觉得最重要的意义是，睡眠使人这种生物体能够正常地工作。人不像机器那样可以持续地工作，他需要有一个工作和休息的循环。睡眠，最重要的一个功能，就是维持人体自身的周期性变化，而这是我们人体的一种正常状态。

人如果不睡觉会怎样呢？以前心理学家做过"睡眠剥夺实验"，实验发现，如果不让一个人睡觉，过段时间之后他的身体就会出现很多问题。首先，他的免疫系统会受到影响，他的整个身体也处于一种崩溃状态，正常的、日常的活动不能完成，比如注意力不能集中、记忆力明显减退、情绪烦躁不安、易怒等；如果不让睡眠的时间再长点的话，可能真得有生命危险了。

但是我在一些有关修行习练的书里看到，有的人经过训练之后，比如禅定或者类似的习练，可以做到长时间不睡觉，一直保持意识的清醒状态。虽然从其他人的角度来看他好像睡着了，因为他不吃也不动，但是这时候他的内心世界其实还是保持着一种清醒、觉醒的状态。但是这不是常规的状态，普通人可能没有办法做到这一点。

这个问题问到了丁老师比较熟悉的领域。多年来，他一直负责编写《普通心理学》的"意识"这一章，其中对睡眠的部分尤其关注。

彭老师说

睡眠是一种意识状态。从无意识到意识是一个连续体，睡眠是一头，另一头是集中的意识——注意。睡眠有许多阶段，做梦是睡眠中相对有意识的一部分。梦中栩栩如生的境界让人觉得它是有意识的。但是，很少有人能完整地复述梦中的内容，有人说在梦中有创造性，能够解决问题，这种情况即使有，也是很罕见的。

睡眠是所有白昼活动的动物都有的现象，它表现了身体内生物钟的节律，即 24 小时周而复始的运行。在人身上，这个调节机制发生在下丘脑内部一个叫作视交叉上核的物质——松果体中。松果体释放一种物质叫褪黑素，这个物质对光线和黑暗敏感。当日光消失，视交叉上核将信号传递给松果体，释放褪黑素。随着褪黑素数量的增加，人们会觉得睡意来临。而当次日天亮了，视交叉上核又将信号送到松果体，逐渐停止褪黑素的分泌，人又醒过来了。这种昼夜更替是人类和所有白昼活动动物长期适应生存环境的结果。他们白天工作，晚上就休息了。

　　睡眠时间的个体差异很大，一般成年人睡觉的时间在 7 小时左右，婴幼儿需要更多的睡眠时间，而老年人的睡眠时间相对减少，5~6 小时即可。但我个人觉得，为了高龄老人保持更健康的身体状态，老年人的睡眠时间可以延长到 9 小时左右。

　　睡眠的作用有很多假设，丁老师已经做了很好的介绍，其中一个假设就是睡眠时脑液能清除废物。我不熟悉这种假设，但知道另一种假设：即睡眠，特别是快速眼动睡眠能促进神经细胞的形成过程（neurogenesis），因而有助于学习和记忆。

　　如果一个人长期不睡眠会怎样？科学家们做过研究，即剥夺睡眠的实验，发现睡眠剥夺会严重损坏个人的注意力、反应时、认知速度和正确率、运动协调和决策（Dinges et al.，2005），另外，大部分交通事故和工作事故也可部分归咎于睡眠剥夺（Walsh et al.，2005）。但许多剥夺睡眠的实验由于取样和实验条件控制得不好，常受到批评，并不完全可信。

彭聃龄 教授

丁国盛 教授

白天没精神、晚上睡不着，该怎么办？

现在很多年轻人都有"白天没精神、晚上睡不着"的生活状态，心理学家怎么看待这个现象？面对失眠问题，心理学家有哪些建议？

······
丁老师说
······

年轻人的这种状态，可能是生活习惯的问题。白天没精神和晚上睡不着，这两个状态是相关联的。

晚上睡不着，往往是因为晚上才有时间从事自己喜欢的活动，像玩游戏、上网等。因为喜欢，所以花的时间可能就会比较多，这也就导致了白天没有精神，时间长了就变成一种周期性习惯。

这其实与现在的生活方式有关系，因为网络和游戏很发达，年轻人又是这方面的主力群体，而白天的工作时间受到各种制度、规定的约束，他们就会觉得下班后的晚上时间是自己的时间。在自己的时间里玩起来，一高兴可能就熬夜了。晚上熬夜，白天上班肯定无精打采。我觉得从年轻人的角度来讲，这样肯定不是一个值得提倡的事情，适度的放松和娱乐是可以的，但是花太多的时间是不可取的，得分配、协调好工作和休闲娱乐的关系，让生活达到一种平衡。

失眠其实也是一个挺普遍的社会问题，在各个年龄段、各种职业的人群中都可能存在。

对于有些人来讲，一种可能是因为特定的事情，比如最近压力比较大，或者工作中有特定的问题导致了失眠。如果搞清楚原因了，或者这个事情的压力消失了，也就恢复正常了，这种情况是人的一种正常反应。

但另外一种是长期性的失眠，即没有特别的事情，但还是会出现失眠的问题。对这种情况我也没有特别好的建议和方法，首先我觉得不要特别地担忧，因为越担忧越睡不着。

按照一些专家的建议，需要让人和床建立起一种条件反射，也就是说，当你困的时候再去床上躺下。如果躺下以后睡不着，这时可以起来活动一下，要避免在床上躺着但又睡不着的情况。长期来讲，形成这样一种神经反射的关系很重要。

另外，人体有一种自我调节能力，当一个人睡不着的时候，就顺其自然，看看书，写点东西，通过书写可以起到心理疗愈的作用。

再说一点，失眠其实是一种现象、一种表象，不妨考虑一下表象的背后有没有更深层的原因，也许不是生活中直接的原因导致的，但有没有深层的原因导致了失眠的症状，可能把那个问题解决了，失眠自然也就消失了。

最后，可以求助心理医生，不光是吃安眠药这种方法，还可以把自己的身心状态调整好，这样，也许失眠就自然消失了。

彭老师说

现在很多年轻人都存在"白天没精神、晚上睡不着"的精神状态，这和当前年轻人的工作和生活的习惯有关。但这不是一种健康的工作和生活状态，时间长了，可能会引发精神健康问题，如抑郁症或焦虑症。最近看到《2022年国民抑郁症蓝皮书》，文中说目前我国患抑郁症的人数为9500万人，自杀人数为28万人，18岁以下的抑郁症患者占人口总数的30%，50%的抑郁症患者为在校学生。恐怕其中不少人可能就处于这种萎靡不振的精神状态。

关于失眠的建议。丁老师回答得很好，我只想补充几点。

（1）要找到失眠的原因，努力解决。有人失眠是由于焦虑，为某些事情担心；有些人是因为习惯不好，睡眠时喜欢看手机；有些人是因为身体不舒服，患有某种疾病，如身体瘙痒等，要根据自己的问题及时做好调整。

（2）不要为失眠着急，越担心睡不着，就越睡不着，心情平淡自然就睡着了。

（3）上床后尽量不做与睡眠无关的事情。

（4）有人在睡不着的时候，心里暗暗数数，也能帮助入睡，因为单调刺激有催眠作用。

第三编

我们如何认识自己

Q

心理学能让我变开心吗？

A

理论上能，
具体还要靠自己。

需要与动机

17

马斯洛的需要层次理论说了什么？

人生活在地球上，需要适应地球上的生存环境，如阳光、空气和水，需要各种各样的食物，需要休闲和娱乐；人又是一种社会性动物，还需要与人相处、受到亲人的照顾、朋友的帮助、人群之间的互动、言语的交流等。这些需要都是由体内的某种不平衡状态引起的。如饿了就会有进食的需要，渴了就会有饮水的需要，累了就会有休息或休闲的需要，孤独时就会有寻求亲人和朋友陪伴的需要等等。需要得到满足，身体的内部状态得到平衡，就会产生积极愉快的情绪，否则就会引起焦虑、失落或愤怒等消极情绪。因此，情绪的发生也是和需要相关的。

20世纪50年代初，人本主义心理学的奠基人马斯洛提出了需要的层次理论，把人的需要按其重要性分成了五个层次，即生理的需要、安全的需要、归属和爱的需要、尊重的需要和自我实现的需要（图 17-1）。

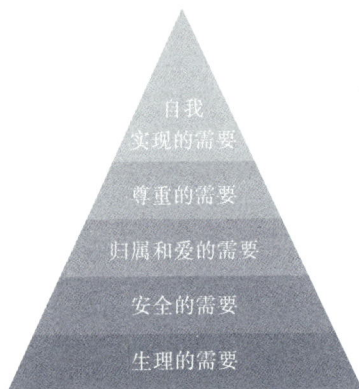

图 17-1 马斯洛倡导的需要层次

生理的需要包括对食物、水、空气和睡眠的需要等，它们关系到个体的生存，因而是人的最基础的需要。现在世界上还有上亿的民众不能满足这种需要，温饱问题没有得到解决，或基本没有解决，对他们来说，安全、归属和自尊都顾不上，更谈不上自我实现了。

安全的需要包括对安全、稳定、回避恐惧和混乱的需要等。有些不安全的因素来自自然界，如地震、洪水、火山爆发等；有些不安全的因素来自社会，如战争、政治动荡、恐怖袭击、社会秩序混乱、金融危机、核泄漏、有毒食品和空气污染等。在这些时候，对安全的需要就会突显出来。

在生理需要和安全需要基本得到满足之后，人们会有更高的追求，他们需要有亲人和朋友的关心和照顾，渴望与他人建立感情的联系，在群体或家庭中占有一定位置。这些就是归属和爱的需要。马斯洛认为，爱有两种：一种是自私的爱，它以"匮乏需要"为基础，关注的是"获得"，而不是"给予"；另一种是无私的爱，以"成长需要"为基础，是一种"为了另一个人的存在"的爱。

尊重的需要包括感觉自己有能力、有成就，希望受到赞赏和尊重等两个方面。

自我实现的需要，即追求生活中某种终极的目标，实现个人的理想和抱负，做自己最愿意做的事情。

马斯洛生活在 20 世纪的前半叶，目睹了美国从 30 年代的经济大萧条到第二次世界大战后经济生活的复苏和繁荣，因此对人的需要的变化感触很深。在经济大萧条时期，1/3 的美国人失业，养家糊口是他们最关心的事情。当生活条件发生变化后，高层次的需要才会出现。他认为，前四种需要也可称为"匮乏需要"，这些需要是简单而基本的，是在缺乏某些必须的东西时产生的，一旦得到，就会引起满足感；后一种需要也可称为"成长需要"，它们和个人的成长发展有关，它们的满足只能增强这种需要，而不是引起满足感。

马斯洛用个案分析方法研究了许多有杰出成就的人，如爱因斯坦、杰斐逊、罗斯福等，发现这些人都能够接纳自己、尊重自己，具有相当的创造性，有独处的需要，具有高峰体验（peak experience）——感受到一种发自心灵深处的战栗、欣快、满足、超然的情绪体验，这些人也就是他称为"自我实现"的人。在马斯洛看来，人的幸福感与需要是否得到满足有直接的关系。

马斯洛对需要层次的看法，在早期有些简单化，认为只有低层次需要得到满足后，才能产生高层次的需要。这种看法受到后人的批评。之后他认识到，几种需要之间并不是严格递进的，生活中存在例外的情况。例如有些为理想而牺牲性命的人，或者为科学事业而努力奋斗的人，可能就把生存和安全需要放在了从属的地位。过去学术界在评价马斯洛的理论时，常常按照他早期的一些说法，全盘否定他的主张，这种评价其实是不够准确和公正的。

需要层次理论受到了政治家、社会活动家、不同组织的管理者和作家的重视，在社会上产生了重要影响。许多成功的管理者都知道怎样满足员工不同层次的需要，让员工在工作中发挥自己的潜能；许多作家因为成功地描述了人类的这些需要，而成为著名的作家。一些国家因为能够满足国民不同层次的需要而成为幸福感较高的国家。

2007年美国密歇根大学政治学家罗纳德·英格哈特主持的一项关于"幸福感"的调查表明，世界上"最幸福"的前10个国家是丹麦，波多黎各，哥伦比亚，冰岛，北爱尔兰，爱尔兰，瑞士，荷兰，加拿大，奥地利。这些国家通常拥有高科技农业和现代化工业，宽松的政府福利制度，稳定的社会秩序，贫富差别较小，有宜居的生活环境和比较舒适的生活水平，使其国民有可能实现不同层次的需要，进而获得很高的幸福感。

有　用　的　知　识　增　加　了

需要的层次是可变的

　　心理学家道格拉斯·肯里克（Douglas Kenrick）和他的同事（2010）提出了一个新的需要层次理论。该理论从三个层次上分析了需要的可变性和优先性，即功能层次、邻近层次和发展层次。在他们看来，人最基本的需要是生存需要和繁殖需要，前者更加优先。当环境中出现了某些刺激时，会引起需要层次的变动。比如，烤肉的芳香可以突然唤起饥饿动机。当你正在剧院看电影时，听到有人突然大喊"着火啦"，你的需要会突然转变成回避恐惧与自我保护。需要的改变还会由成长的因素引起。如婴儿时期，饥饿、口渴会位于需要的中心，这时不会有繁育或自尊的需要。但是，到了青少年时期，性动机和社会认可就可能成为优先的需要。

18

动机越强效率越高吗？

我们在研究生的入学复试时，常常问到的一个问题就是："你为什么要报考这个研究方向？"这里关心的就是他们的入学动机。在职场面试中，公司的人事部门也很关心求职人员的动机。公安机关在办案、侦缉、审判过程中，分析犯罪嫌疑人的作案动机，就更加重要了。"蓄意谋杀"和"过失杀人"在量刑上的差别，就是根据动机来决定的。

动机是在需要的基础上产生的。当某种需要没有得到满足时，它会推动人们去寻找满足需要的对象，从而产生行动的动机。如食物和水是人生存的基本需要，当身体缺乏食物和水分时，这种需要就会成为寻找食物和水源的动机。

　　动机是指人的行为的推动力，了解一个人的动机，可以帮助我们解释人的行为的多样性，分析不同行为发生的原因，追究行为的社会责任，因此在工作和生活中具有非常重要的意义。

　　动机是人的行为的内部驱动力。但是，人的行为还受到许多外部原因的影响，这种来自外界的、能满足个体需要的刺激物叫**诱因**（inducement）。例如，香气扑鼻的美食能激发人的进食欲望；流行的时装能引起人的购买欲；挑战性的任务能激发人的成就动机。在公共场所中，我们常常告诫别人"财不露白"，就是因为，暴露在外面的钱财常常会成为一些人的偷窃行为的诱因。因此，消除诱因可以减少犯罪行为的发生。父母的期望、学校的奖励也能成为学生学习的诱因，心理学称为外部动机。

　　心理学家是如何了解他人动机的？动机是人的行为的内部动力，因此仅仅通过观察人的外部行为，很难了解一个人的动机。心理学家主要采取两种有效的方法来探测行为的动机。

自陈量表法

　　这是测量动机的一种外显方法，它所测到的动机也称自陈动机（self-report motive）。该方法的特点是，研究者根据自己的研究目的（如针对成就动机或学习动机）设计出一个动机问卷，提出一系列问题，要求被试通过自我表述回答，从中了解被试的动机。用自陈法研究动机常常可以得到较高的信度和效度，即比较可靠和有效。但被试有可能意识到研究者的意图，迎合研究者的需要，因而会出现不准确的情况。

主题统觉测验（TAT）法

也称投射测验法，这是测量动机的一种内隐方法，它所测到的动机也称内隐动机（implicit motive）。测验时给被试看一些图片，让他们凭借个人的想象编织一个故事，把自己的行为动机投射到故事情节中，进而了解他们的动机。

在一项测验中，两位被试对图 18-1 进行了如下的描述。

图 18-1　投射测验举例

第一位被试的描述是：图中这个男孩刚学完他的小提琴课程。他对自己的进步感到开心，他相信所有的进步将证明他所做出的牺牲是值得的。要想成为一名在音乐会上演奏的小提琴家，他不得不放弃大部分的社会活动时间，每天练习数小时。尽管他知道如果继承他父亲的事业可以挣很多钱，但他更愿意成为一名小提琴家，并用他的音乐给人们带来快乐。他坚持自己的承诺，不管这需要付出什么。

　　第二位被试的描述是：这个小男孩拿着他哥哥的小提琴，想演奏它。但是他认为不值得花时间、精力和金钱去学习小提琴课程。他为哥哥感到遗憾，哥哥放弃了生活中所有快乐的事，只是练习、练习、再练习。如果有一天他哥哥能成为一位一流的音乐家，当然很棒，但事情并非如此。现实就是枯燥的练习，没有乐趣，而且很可能只是成为一个在小城市乐队里演奏乐器的无名小卒。

　　研究者据此认为，第一位被试有较高的成就动机，而第二位被试的成就动机处于较低水平。高成就动机的人在事业中会显得更加积极努力，在事业上的成就也更容易超过他的父亲（McClelland，1976）。

　　随着研究的深入，研究者不仅使用主题统觉图片来测试被试的动机，同时也采集被试的演讲、采访、会谈和文学作品等，通过分析这些话语或文字材料，也能检测到被试的内隐动机。例如，温特（Winter，1988）曾根据美国前总统尼克松的就职演说分析他的成就动机、权力动机和亲和动机，并且与他的行为进行了相关分析，发现预测和表现惊人地吻合。

　　动机的自陈量表法和内隐测量法可以分别测量出被试不同的动机。因此需要将两者结合起来，才能更好地了解人的行为的动机。所以，心理学家并不能一眼"看透"一个人到底在想什么，他要做什么，这里澄清一下。即使能，心理学家也要遵守研究和职业道德，有严格的施测程序。

回到标题的问题：动机越强，效率越高吗？心理学的研究表明，动机和效率两者不是线性关系，而是倒 U 形曲线关系（图 18-2）。

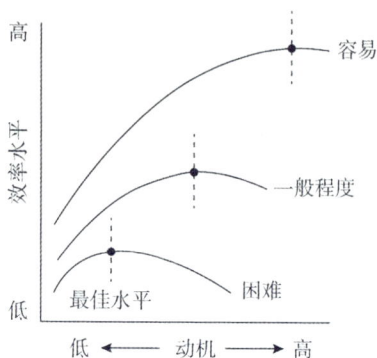

图 18-2　动机强度、课题类型与工作效率的关系

心理学家耶克斯和多德森（Yerkes & Dodson，1908）的研究表明，各种活动都存在一个**最佳的动机水平**。动机不足或过分强烈，都会使工作效率下降。研究还发现，动机的最佳水平随着任务性质的不同而不同。对比较容易的任务来说，较高的动机有利于任务的完成；对中等难度的任务来说，中等强度的动机是比较合适的；而对高难度的任务来说，较低的动机水平反而有利于任务的完成。这就是著名的耶克斯—多德森定律（Yerkes-Dodson Law）。

大家可能都熟悉运动员在竞赛中出现的"怯场"现象，由于获得好成绩的动机过强，临场发挥受到影响，反而没有取得平日可以达到的成绩。

有　用　的　知　识　增　加　了

奖励不一定能激发动机

　　外部奖励是人们工作的众多原因之一，但外部奖励不一定带来积极的效果。马克·莱珀等（Mark Lepper et al., 1973）进行了一个实验，他们将喜欢绘画的小学生分成实验组和控制组，实验组在绘画结束后得到奖励证书，而控制组则没有任何奖励。两组学生都积极参加了绘画活动。几天后，再让他们参加绘画活动，这次两组都不再给奖励，结果实验组的孩子绘画的热情明显下降，而控制组的孩子比第一次画画时，兴趣更高。研究者认为，外部奖励降低了实验组的内部动机，这种效应他们称为过度合理化（overjustification）。在不适当的外部奖励下，孩子们的动机从内部变为了外部，因此，在缺少奖励的时候，他们对于绘画的兴趣反而下降。这表明奖励有时候可能会损害内部动机的作用。同样的情况也会出现在商业和其他领域中，如果不管员工的工作质量如何滥发年终奖，或者给所有学生的成绩都评 A，也会出现过度合理化的现象。

19

"我觉得我行"是一种什么体验？

    人的行为归根到底是由人的认知、情绪和人格决定的，换句话说，是由"自我"决定的。所谓"自我"就是个人对自己的认识和评价。阿尔波特·班杜拉（Albert Bandura，1977）提出了"自我效能感"的概念，在他看来，个人对自己"胜任"能力的评价和信念就是自我效能感。一个人相信自己有能力完成面临的某个任务，就是自我效能感高；相反，一个人怀疑自己的能力，对任务没有信心，就是自我效能感低。自我效能感是动机的重要内容，是人的行为的重要推动力。

    "自我效能感"决定一个人对任务的选择，即做什么或不做什么。个体经常选择自己能够胜任，并且有信心完成的任务，而避开自己不能胜任，没有信心完成的任务。在完成任务的过程中，自我效能感高的个体，往往表现得更加努力，能顽强坚持，克服困难，而自我效能感低的个体，则表现为缺乏信心，容易焦虑，在困难面前退缩不前。

自我效能感还能影响人对成功和失败的归因。自我效能感低的个体相信自己的智力稳定，不可改变，他们的归因方式为外控型，容易放弃或避免有可能失败的情境，在遭遇一次大的失败后，容易出现习得性无助；而自我效能感高的个体相信智力是可以塑造的，他们的归因方式为内控型，失败不会摧毁他们的自信，反而会激励他们改变自己的策略和方法，并寻求新的任务。

彭聃龄 教授　　丁国盛 教授

低自我效能感是造成空心病的原因吗？

自我效能感是天生的特质吗？它的高低由什么决定？如何改变？您怎么看待"空心病"？自我效能感低，是造成空心病的原因之一吗？

· · · · · ·

丁老师说

· · · · · ·

　　自我效能感这个概念是班杜拉提出来的，班杜拉有一个著名的理论叫"观察学习理论"，并由此提出了"自我效能感"这一概念。这个概念指向什么呢？指向的是人对自己是否能够完成特定任务，或者在某一方面能不能做好的自我判断或自我估计。

　　如果一个人在某方面的自我效能感高，他就会倾向于更多地参与这件事情，如果自我效能感低，他可能就会回避。自我效能感不是一种先天的特质，它指向的是特定的活动，影响它高低的最直接的因素就是个体之前在这件事情上的成功或失败的经验。

比如，一个人为什么会觉得自己比较擅长社会交往？是因为在之前的社会交往中，他感觉比较轻松、比较自如，比较容易和别人进行很好的互动，他的自我感知是由这样的特定经验来决定的。

但是不能说和先天因素完全没有关系。我们经常说一个人很自信，自信和自我效能感就有很大的关联性，只不过自信指向了更广泛的活动，是一种一般性的特质，而自我效能感指向的是特定的事情。所以一个人如果本身就拥有自信的特质的话，那么他就容易在很多事情上出现自我效能感比较高的情况。

相反的，一个人本来就不自信，在某些方面和别人的能力水平或者成败的经验都差不多的情况下，也不容易形成较高的自我效能感。在相同的经历背景下，每个人的感觉也是不一样的，所以自我效能感和先天因素也是有关系的，但又不能说是由先天因素决定。

自我效能感的高低由什么决定呢？刚才也讲了，一个人在某件事情上的成功或失败的经验，是最主要的影响因素。除此之外，按照班杜拉的说法，还有替代性经验。替代性经验是指事情并不是个体亲身经历的，但他会通过观察周围人的情况获得经验。举个简单的例子，一个人在判断自己能不能跳过某个高度时，如果个子比自己矮、平时比自己跳得低的人能跳过该高度的话，他就会觉得自己也能跳过去。也就是说他会通过观察别人的成败、周围人的经验，获得对自己能力的相应判断。这就叫作替代性经验，就是不用自己经历，通过观察别人的经验就能起到相应的效果。

自我效能感的形成还与周围人的反馈有关系。比如在一个家庭里面，孩子在成长过程中经常受到父母的正向鼓励，也会有助于其在某些方面自我效能感的提升。

知道了自我效能感的决定因素之后，可以根据这些因素来改变一个人的自我效能感。如果一个人在某方面感觉不自信，比较直接的提高自我效能感的方法是：让他在做这件事情的时候，能够循序渐进、由易到难，不断地获得成功的经验。

比如，一个小孩总是写不好字，怎么办呢？一开始可以先降低难度，先从简单的字入手，让他能够完成这些任务。然后要及时鼓励，一点一点地让他看到自己的进步，从成功的经验中不断获得自我效能感的提升。同时也可以通过周围的替代性经验来提升自我效能感，可以观察周围的成功经验，如果一个人发现他的同伴都能够完成，他往往也会受到鼓励，觉得自己也能做到，如果再给他适当的鼓励，就会有比较好的效果。

"空心病"这个词在网上比较流行，但是在大多数心理学教材或者相关的著作里面，并没有这个概念。据我所知这是最近由北京大学的徐凯文老师提出来的一个概念。他想表达的是一类人，缺少自我价值感，缺少生活的目标，缺少意义感，感觉自己像行尸走肉一样，没有热情，没有奋发向上的积极乐观的精神。

空心病和自我效能感到底是什么关系呢？这是一个特别好的问题。

这两者之间应该是有一定关联的，如果一个人有"空心病"的话，他有可能在很多方面都缺少自我效能感。无论做什么事情，都缺乏能把这个事情做好的信心。但是二者之间又没有一种必然的因果关系，总体来说，这两个概念指向的点其实不完全相同。

自我效能感是有针对性的，是在特定任务、特定活动、特定事情上，一个人对自己能不能做好的一种判断。而"空心病"现象是一个更加宽泛、更大的概念，涉及一个人的内在价值层面、生活目标的层面，或者说整个生命的一种生存状态。缺少了内在信仰或者价值的支撑，就会表现出"空心"的特点，而且会影响到生活中的很多方面，不只是在特定事情上的自我效能感，在很多方面都会表现出缺少内在的生命热情和对目标的追求的情况，缺乏积极向上、阳光的特质。

但是不是自我效能感低，所以导致"空心病"现象呢？我感觉这个方向的逻辑链条就不是那么清晰了，造成这种情况的原因可能比自我效能感的缺失要复杂和深刻得多。所以应该不是因为缺乏自我效能感而导致了"空心病"，而是反过来的可能性更大。也许有"空心病"现象，会导致个体在很多方面都缺少自我效能感，也许这个链条似乎更加符合逻辑，但这只是我个人的一种判断。

我回答一下"自我效能感是天生的吗？"这个问题。一般说来，无论是智力还是人格特质，都是遗传和环境交互作用的结果，只是所占的比例不同，不同人的比例也可能不同，目前还没有一个统一的标准。自我效能感属于动机理论的一种，它本身是一种人格特质。因此它也是遗传和环境交互作用的产物。

一种理论的特色和该理论的提出人的思想倾向也有关。自我效能感是由班杜拉提出的，他的理论本质上是一种强调环境的理论，这和驱力理论的思想倾向是不同的。驱力理论更重视先天性。看待一种理论更重要的是要分析理论的自身。自我效能感是指个体对自身能力的评价和期待，它和人的经验有关，不关心"天生"的问题。

班杜拉认为，首先，来自个人的亲身体验对自我效能感的影响最大。多次成功的经验能帮助人确信自己有能力做好某件事，而多次失败的经历则会影响人的自我效能感。但有人越失败，越有勇气，最后取得成功，像许多成功人士一样，他们需要有更强的自信。其次，间接的经验也能改变自我效能感，如别人的说服、建议、劝告等。最后，要适当控制自己的情绪状态，高度焦虑、紧张、恐惧都会降低自我效能感。

自我效能感高的人，倾向于选择适合自己能力水平又富有挑战性的任务，自信且勇于面对困难和挑战，把注意力集中在积极分析问题和解决困难上，使思维与解决问题的能力得以超常发挥；而自我效能感低的人恰恰相反，他们选择容易的任务，怀疑自己的能力而在困难面前犹豫不决，或者思想被个人缺陷和潜在困难所困扰，行为效率比较低。

如何改变自我效能感？自我效能感是可以改变和设法培养的。例如，首先，帮助孩子制定切实可行的目标，积累成功的经验。多一次成功，就多一分自我效能感。其次，要引导孩子观察他人，通过榜样的作用获得经验。有时候，榜样的作用是惊人的，有成功的榜样吸引，许多"自我效能感低"的个人也能焕发进取的光辉。再次，要给予更多的积极反馈。最后，要减轻压力，帮助他们树立自信心。

关于"空心病"，过去没有听说过，近些年才流行起来。这是一种因为缺乏价值观而产生的一种疾病，与抑郁症、焦虑症等多种精神健康问题有一定关联，它和自我效能感低下，不是一个问题。但一个人长期处在自我效能感低下的状态，不能自拔，也可能引起"空心病"现象。有"空心病"的个体需要找精神科医生或心理咨询专家进行治疗。

情绪和情感

20

问世间情绪为何物?

　　人不但拥有认识世界的能力，而且在认识世界的同时，也有感受和体验世界的本领，表现为喜欢"什么"、厌恶"什么"、为"什么"高兴、为"什么"忧愁等，这些心理活动就是情绪。我们可以设想一下，如果一个人从来就没有喜欢过什么、厌恶过什么，不知道什么是爱、什么是恨，那么这个人一定不是过着"人"的生活。情绪是人的心理生活的"晴雨计"，使人的生活变得丰富多彩，有声有色，没有情绪的生活是乏味、黯淡无光的。

　　心理学家伊扎德（Izard,1977）提出，情绪是由独特的主观体验、外部表现和生理唤醒三种成分组成的（图 20-1）。在**认知上**表现为主观体验，在**行为上**表现为各种表情，在**生理上**则有不同的唤醒水平。

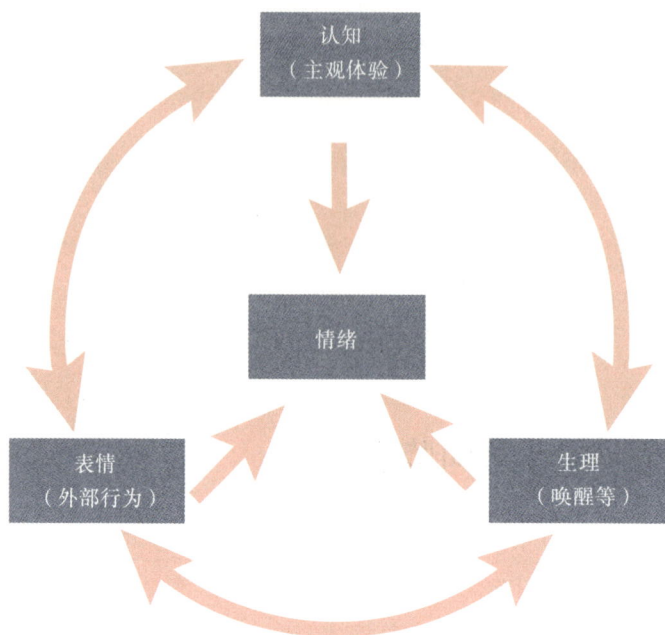

图 20-1 情绪的三成分示意图

平常我们常说的"情绪",更多指的是"情绪体验"。人在失去亲人时,体验到悲痛;在得到奖励时,体验到喜悦;在决策失误时,体验到后悔;在选择正确时,体验到满足等。这些情绪体验,是一种主观的感受。人到底有多少种情绪体验?如何科学地描述这些体验?这些体验发生的原因是什么?这些都是心理学家面临的科学问题。

自古以来,哲学家、教育家和医生就对人类的情绪体验有过很多描述。我国古代名著《周易》提出了"二情"说,用爱和恶来预测人的吉凶。《礼记》中提出了"七情"说,即喜、怒、哀、惧、爱、恶和欲;哲学家荀况提出了"六情"说,即好、恶、喜、怒、哀、乐,认为这是人性本质的表现。这些描述都是基于人的内省和观察得到的。

20世纪70年代初，心理学家汤姆金斯（Tomkins，1970）假定存在8种原始的情绪：兴趣、欢乐、惊奇、痛苦、恐惧、羞愧、轻蔑、愤怒。伊扎德（2007）提出人类的基本情绪（basic emotion）有6种，即快乐、惊讶、悲伤、愤怒、厌恶和恐惧。这些基本情绪很多在婴儿出生时就有了，是人与动物共有，不学而能的。每一种基本情绪都具有独立的神经生理机制、内部体验和外部表现，并有不同的适应功能。由这些基本情绪（图20-2）的相互结合可以产生各种不同的复合情绪（complex emotion），如敌意是由愤怒—厌恶—轻蔑组成的复合情绪；焦虑是由恐惧—内疚—痛苦—愤怒组成的复合情绪；爱是由喜悦—兴趣—兴奋组成的复合情绪等。

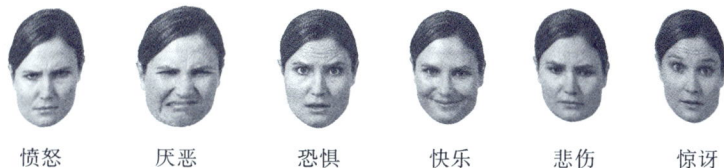

| 愤怒 | 厌恶 | 恐惧 | 快乐 | 悲伤 | 惊讶 |

图20-2　人类的6种基本情绪

情绪体验是一种主观的心理状态，因此要准确地定义并区分它们，是一件困难的事情。例如，紧锁双眉是忧愁还是聚精会神，从外表上有时很难判断，这种内心体验只有情绪发生人自己才能知道。因此，对情绪体验的研究现在还停留在描述和行为实验的阶段。

关于情绪产生的机制，20世纪初曾经出现过一场有趣的争论。詹姆斯（1884）提出，当一个情绪刺激物作用于我们的感官时，会立刻引起身体上的某种变化（表情），激起神经冲动，传至中枢神经系统而产生情绪。这些身体上的变化是情绪产生的基础。由此他推论，表情应该发生在情绪体验之前，有什么样的表情就会引起什么样的情绪体验。他说："人们的常识认为，先产生某种情绪，之后才有机体的变化和行为的产生，但我的主张是先有机体的生理变化，而后才有情绪。"按照他的看法，痛苦是由流泪引起的；恐惧是由逃跑引起的；高兴是由发笑引起的；愤怒是由打斗引起的。这个主张后来得到丹麦心理学家兰格（Carl Lange）研究的支持，因而称为**詹姆斯-兰格理论**。

随后，坎农（Walter Cannon，1927）和巴德（Philip Bard，1934）提出了不同的主张，在他们看来，情绪的发生不是在外周神经系统，而是在中枢神经系统的丘脑。丘脑是一个转换站，它既负责把外周输入的信息进一步传递给大脑，也把大脑加工过的信息，向下传递，通过自主神经系统影响到全身的肌肉和腺体。因此表情是由体验引起的，而不是先于情绪体验的。

在詹姆斯、兰格与坎农、巴德之间又一次阐释了"盲人摸象"。其实，自主神经系统和丘脑都是情绪产生的生物学基础，只不过它们扮演的角色不同罢了。詹姆士倡导的"表情先于体验，并导致体验"的看法，曾经被人看成是一种荒唐的主张，但近年来的一些研究表明，让被试用面部肌肉模拟某些基本表情，他们就能体验到相应的某种情绪，模拟恐惧的表情就能体验到恐惧，而不是愤怒和厌恶，这说明詹姆斯的主张有一定道理，这类研究进而发展为情绪调节的一种工具。

　　近 20 年来，随着认知神经科学的发展，出现了**情绪神经科学**的研究，这些研究主要关心人脑如何产生情绪。研究发现，人脑中存在一个与情绪相关的神经网络，情绪主要定位在右半球，但左半球也参与情绪的加工。积极情绪的加工主要发生在左半球，而消极情绪的加工中，右半球占优势（图 20-3）。情绪的发生还和神经递质有关，如 5- 羟色胺、肾上腺素和去甲肾上腺素等。5- 羟色胺与抑郁的情感有关，肾上腺素与恐惧有关，而去甲肾上腺素在愤怒的时候更多。

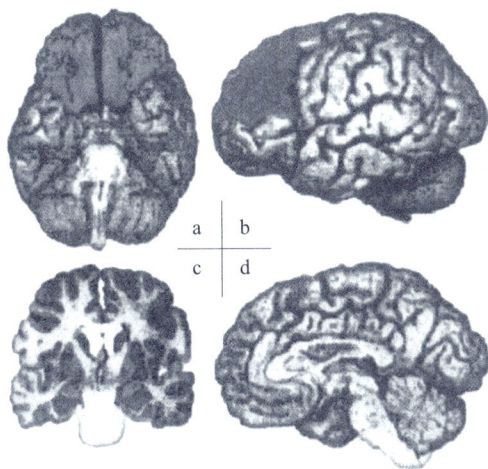

扫码输入"情绪脑图"
获得全彩图像

情绪和情绪调节神经回路的关键成分

a：绿色是眶额皮层，红色是腹侧中央前额皮层。

b：紫色是背侧前额皮层。

c：橙色是杏仁核，紫色是海马。

d：黄色是前部扣带回。

图 20-3　情绪的脑机制

近年来，心理学家和计算机科学家合作开展了"**情感计算**"的研究。情感计算的研究目标是，通过赋予计算机识别、理解、表达和响应人的情感的能力来建立和谐的人机环境，并使计算机具有更高的、全面的智能。这种计算机具有影响人类情绪，以及被人类情绪影响的能力，可以与人类更加自然、友好地进行交互，能有效地改善人类对技术的情感体验。开展情感计算研究，有助于构建和谐的电子社会，也有益于推进心理科学的发展。

有 用 的 知 识 增 加 了

情绪反应中的性别差异

日常生活中，我们很容易看到男女在情绪反应上的性别差异。如男性在表情上比较收敛，而女性比较外露；男性容易出现愤怒等情绪，而女性容易出现恐惧和抑郁的情绪等。巴塞尔大学（Spalek，et al.，2015）的一项研究发现，女性更易记住消极情绪图像，相同的情绪刺激在男女大脑中激活的强度是不同的。研究发现女性比男性激活的更大脑区与消极情绪有关。

21

我们为什么怕山中的老虎，但不怕动物园中的老虎？

　　你喜欢去动物园参观和游览吗？在虎山和狮笼面前，你可能会停留很长的时间，欣赏它们作为"百兽之王"的勇猛和威风，甚至喜欢看到它们"发威"的样子。可是，如果你在山野间游玩时，遇到了一只老虎或一头狮子，会怎样呢？你肯定会吓得惊魂失魄、撒腿就跑。在动物园里，你把这些"猛兽"看成"笼中困兽"，自然一点也不害怕；可是在郊野，你知道这些动物是会"伤人"的"猛兽"，你的恐惧自然就发生了。在恐惧时，你还能保持"欣赏"吗？在这里，"看到"和"知道"就是我们熟悉的一种心理现象："认知"，而"喜欢"和"恐惧"就是人的一种**情绪**。

　　认知和情绪是人类最重要的两类心理现象。一方面，认知对情绪有调节作用。20 世纪 60 年代初，心理学家沙赫特（S. Schachter）和辛格（J. Singer）提出了"认知评价"在情绪产生中的重要作用——一种情绪刺激引起什么样的情绪，与个体对这种刺激的解释有关。例如，同样是看到一只咆哮的狗，如果你觉得它可能伤害你，你会出现恐惧；如果你知道它不会伤害你，恐惧情绪就不会产生（图 21-1）。像前面提到的老虎的例子也是同样的道理。害怕山中的老虎，是因为知道山中的老虎比较危险，会伤人。而动物园中的老虎在笼子里，相对是安全的，所以不会觉得害怕。

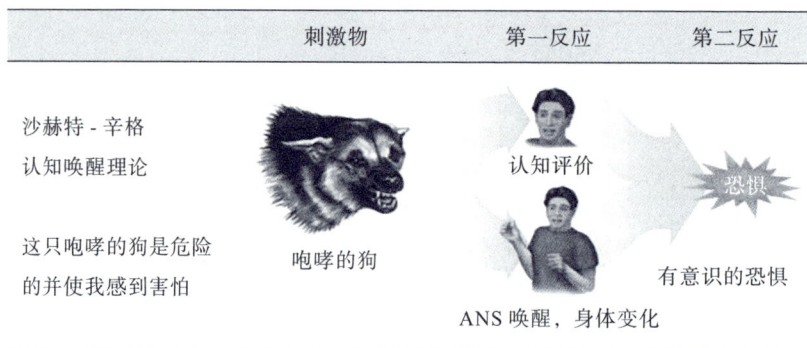

图 21-1　认知评价

　　情绪对认知也具有调节作用。例如，在愉快的心境中，人的工作效率会比较高，而郁闷的心境常常会干扰工作的正常进行；愤怒会使人失去理智，做出错误的选择；我们更容易记住自己喜欢的演员和运动员的姓名；当遇到极度悲伤或痛苦的事情时，一次经历就能记住一辈子等。

　　心理学家通过实验能更细致、深入地揭示情绪在认知中的作用，这些发现常常是无法通过内省和观察得到的。例如，研究发现，情绪能影响知觉过程，人们在估计高度时，常常受到情绪的影响，在人们出现"恐高"的情绪状态下，会高估位置的高度；情绪也影响注意，在搜索任务中，人们对消极情绪刺激的反应更快。

有　用　的　知　识　增　加　了

闪光灯效应

　　在强烈的情绪事件中，或者在强烈的情绪影响下，人的记忆常常会变得更加具体和生动，就像人们在脑中对那个瞬间拍下了"快照"一样。这种记忆被称为"**闪光灯记忆**"。例如，美国人对2001年9月11日发生的恐怖袭击，会留下生动而深刻的记忆；一些夫妻对自己的第一次约会也会留下生动的回忆等。研究发现，情绪反应能刺激激素的分泌，这些激素能够增强长时记忆。

有 用 的 知 识 增 加 了

"微表情"可以测谎吗？

　　"微表情"是一个令人感兴趣的研究领域。所谓微表情是指持续时间很短（通常在 40~200 毫秒之间）的一类表情。根据个体的表情，特别是微表情，常常可以判别他人的谎言和异常行为，因而成为测谎的一个有效的指标，在公安、边防、审讯等工作中可能具有重要意义，对商业谈判、产品营销可能也有作用。有经验的售货员根据顾客的微表情就能判断他是否愿意购买某件商品。艾克曼等人（Ekman et al., 1991）让 509 名被试（包括美国中央情报局、国家安全局、药品管理局的工作人员；心理咨询师；大学生等）对 10 名说真话和说假话的人进行判别，发现只有美国特工人员的判别高于随机水平，比其他人员精确；如果不考虑职业的差异，那些判别精确度高的人，使用了较多的非言语的表情线索，具有较好的解释微表情的能力；另外，年轻人的判别能力好于老年人，说明微表情识别能力除了有明显的个体差异外，还有年龄差异。另一些研究发现，经过训练，微表情识别能力可以得到提高。这种训练还有利于缓解精神分裂症患者已损害的社会功能。

22

如何进行情绪调节？

情绪对人的健康有十分重要的意义。《黄帝内经》写道："怒伤肝，喜伤心，忧伤肺，思伤脾，恐伤肾。"可见无论是消极情绪还是积极情绪，都需要进行调节，让情绪处在适当的范围内。

如何进行"情绪调节"？这是心理学研究的一个重要问题。心理学家特别重视认知对情绪的调节作用。比如，人们面临一件不确定或没有把握的事情时，会产生焦虑或恐惧的情绪。这时候可以尝试对这件事的意义、重要性及可能发生的最坏结果进行判断和评估，并告诉自己，即使是最坏的结果发生了，又怎样呢？其实也没那么糟糕。这样焦虑或恐惧情绪就能够减轻或消失。

近些年来，语言对情绪的调节作用受到了很多研究者的关注。

其中情绪解释（explanation）和标签（label）提供了更直接的证据。所谓"情绪解释"是指通过语言说明"为什么会有某种情绪"，如悲伤是因为失去亲人，高兴是因为论文被接收了；而"情绪标签"是指用词汇或句子直接表明刺激的情绪状态。如在悲伤的面孔上，贴上"他悲伤"，在快乐的面孔上，贴上"他快乐"。结果发现，相对于"不解释"和"不标签"的条件，被试对愤怒或快乐的面孔会表现出更多的愤怒或快乐。

通过语言指导也能帮助儿童习得某些情绪经验。菲尔普斯（Phelps，2001）在一个实验中，给被试的手腕上连接一段导线，并告诉被试，这段导线可以传递令人不舒服、但不会诱发疼痛感的微弱电流。实验刺激有 3 种，当一个蓝色方块出现时，告知被试可能出现电击（威胁条件），而在黄色方块和词汇"休息"出现时，不会有电击（安全条件和休息条件）。实际上，在整个实验过程中，都没有施加电击。但实验中记录的皮肤电反应（Skin Conductance Responses，SCR）和大脑激活模式表明，威胁条件下的皮肤电反应显著高于安全条件和休息条件，而且威胁条件刺激激活了左侧杏仁核和脑岛——那些与恐惧相关的脑区。

"将情感转化为语言"（putting feeling into words）一直被认为是通过语言调节消极情感体验的有效方式之一，也称为"谈话疗法"（talk therapy）。通过语言调节，可引起被试免疫系统的改变、机体反应系统的短期改变（包括心率变缓、皱眉肌活动降低等），以及情绪状态和生活质量的长期改变（如压力的降低、工作热情的上涨等）。

有 用 的 知 识 增 加 了

棉花糖测验

　　人对情绪的识别和控制能力是人的一种重要能力，心理学家称为"情绪智力"。棉花糖测验就是心理学家用来测量情绪智力的一种测验。测验的对象是 4 岁儿童，测验时在孩子面前摆放一盘棉花糖。测验者称临时有事情需要离开，如果等她回来，孩子可以吃到两块棉花糖；如果不等她回来就吃，只能吃到一块。结果发现，一些孩子能控制住吃糖的欲望，尽管这段等待的时间很难熬，而另一些孩子很冲动，老师一离开，他们就迫不及待地把糖吃掉了。心理学家在随后的追踪研究中进一步发现，那些能控制好情绪冲动的孩子，在青少年时期，在所有方面都表现更好——他们变得更加自立，在人际关系中更有影响力，成为一名更优秀的学生，处理挫折和压力的能力也更好。

彭聃龄 教授　　　丁国盛 教授

认识自己应该从哪里开始呢？

是从了解自己的个性开始，还是从了解自己的情绪风格开始，或者是从解决现实问题开始？心理学家能给出怎样的建议？

· · · · · ·

丁老师说

· · · · · ·

　　如果是想认识自己的话，可以从哪些方面开始做起来？我的想法是这可能与当事人的倾向有关，如果是对性格层面感兴趣，那可以先从了解性格方面的知识入手；如果是对情绪方面感兴趣，就可以从情绪入手，如果你正好遇到了一些心理方面的问题，那就可以先从解决这些问题入手。若问从一位普通读者的角度，想学习和了解心理学，从哪些方面开始学习其实没有一个固定答案。

　　如果从认知、情绪和个性这三个方面来说，认知相对来说是更基本的，人一出生就首要面临一些认知的问题，然后，情绪和个性是在这个过程中慢慢发展和变化的。我们小的时候可能就有不同的个性特点，但这些特点不像成年时期那么定型。

如果是作为一个普通读者，对心理学感兴趣，想了解心理学，我的想法还是看个人的兴趣。也不一定要先去了解认知。因为相比较来讲，认知比较复杂，例如感知觉等比较基础的内容。但是心理学作为一个理论体系，肯定要从感知觉讲起。对普通读者来讲，如果是对情绪管理更感兴趣，那也不妨先从这些方面开始了解，基于个人当前的需求和兴趣来安排优先级。

我想这里的"认识自己"，有两个含义：一个是在生活中遇到的问题，谁先谁后，一个是学习心理学，谁先谁后？关于第一个问题，有人可能误解了认知，情绪和人格的关系，认为情绪和个性问题是人们面对的现实问题，是"大"问题，而认知问题离我们似乎"远"一些，"小"一些。那么为什么在心理学中，我们偏要首先关心认知问题，而不关心情绪和个性这些更"近"更"大"的问题呢？

彭老师说

这里有两个问题要思考。

一是认知和情绪、个性的关系。我们说认知是基础，没有认知，何来情绪和个性。"知之深，爱之切"，这是最浅显的道理。认知和情绪的个体差异，是个性的源泉。而没有认知和情绪，也就谈不上个性差异了。因此从心理学的角度说，人们首先要搞清楚什么是认知，才能搞清楚情绪，进而才能搞清楚什么是个性等心理特性。

二是认知真的不重要吗？如果一个人看不见，听不清，没有嗅觉和味觉，不知道冷热和痛苦，他会有怎样的情绪，又会有什么样的个性？

如果是问个人生活中发生的问题，如失眠或如何提高学习效率，是为找不到工作而烦恼，不同人有不同的遭遇，不好分先后，有什么问题，解决什么问题。

至于说问学习心理学从哪里入手，那么按照学科的内在规律，应该是从认知入手。先学习感知觉，再学习动机和情绪，能力和人格。

智力与能力

23

心理学家如何解释智力？

　　日常生活中，智力是大家很熟悉的一种心理现象或心理特性。许多人认为，智力就是"聪明""脑子好使""能过目不忘"等。看过《最强大脑》节目的人，都会惊叹表演者在几秒的短暂时间内就能完成多位数乘法和除法，也能从众多的手势中辨认出某几种手势，他们有超强的观察力、记忆力和判断力。这些能力就是我们所说的智力。

　　心理学家斯滕伯格认为，智力是心理学中最难定义的一个概念，也是争议最多的一个概念。据说，智力的定义有 70 多种。有人说，智力是一个人从自身经验中学习的能力，也有人说，智力是获取知识的能力，或者是适应新环境或解决新问题的能力。这又是一个"盲人摸象"的问题，不同人看到了智力的不同侧面，对它的理解和运用也就相差很大了。

智力包含什么？它的基本结构是怎样的？这是心理学家在研究智力时面临的一个重要问题。如果我们想一想人的运动能力，就很容易发现：举重和投球所需要的手眼协调能力不同，和体操运动员所需要的平衡能力也有区别，我们不必期待一位举重运动员同时也是一位体操运动员和投球高手。那么人的智力是否也和运动能力一样，是多种多样的呢？这些能力之间的关系又怎样呢？

20世纪初，英国心理学家查尔斯·斯皮尔曼（Charles Spearman，1904）发明了一种统计学方法——因素分析。按照这种方法，如果多个变量间有很高的相关，那么一定存在某个共同的因素，支配着这些变量。心理学家在研究智力时最初的任务就是要寻找这个共同的因素。斯皮尔曼（1927）采用因素分析的方法，分析了某些特定能力测验的相关，发现这些认知能力间有一个共同的因素，他称为一般因素，从而提出了**智力的二因素说**：智力是由一般因素（G）和特殊因素（S）组成的（图23-1）。一般因素是指广泛应用于各种认知任务中的能力；而特殊因素是指适用于特定任务的能力。对一些心理学家来说，智力的共同因素似乎更重要，用它就可以确定一个人的聪明程度或智力水平。

但是，另一位心理学家瑟斯顿（Louis L.Thurstone，1931，1938）认为，智力应该包括多种基本的能力，如语词理解能力、词语流畅能力、数字运算能力、空间关系判断能力、机械记忆能力、知觉能

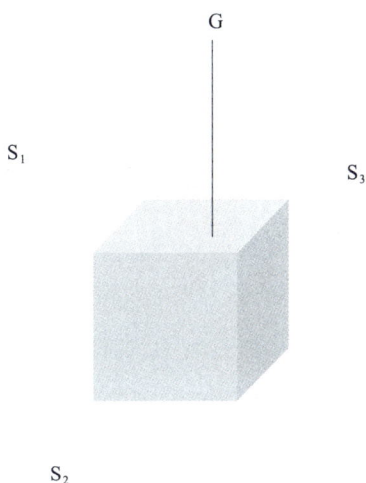

图 23-1 智力的二因素说

力和推理能力等，这些能力是相互独立的，不存在智力的共同因素。

20 世纪 80 年代初，心理学家加德纳（Howard Gardner，1983）进一步提出了**智力的多元说**，认为人的智力不是单一的，而是多种多样的，各种智力之间相对独立，应对着不同环境的需要。他列举了 8 种基本智力，分别是：言语智力、数学智力、音乐智力、空间智力、身体运动智力、自我认识智力、人际关系智力和自然智力等。加德纳研究了具有某些独特能力的人，包括那些只在一个方面表现优秀的个体。例如，白痴学者通常在智力测验中的得分低，但他们在其他方面（如计算、绘画或音乐记忆）的表现却非常优秀，表现出一种不可思议的能力。

吉尔福特（Joy Paul Guilford）也主张智力的多样性。在他看来，智力不能简单地用一般能力和特殊能力来描述。智力的真实结构应该用操作、内容和产品三个维度来说明。（图 23-2）。从这三个维度的结合来看智力，可能产生 150 种以上的能力。舞蹈能力则是记忆—系统—行为三者结合的一种能力。就像化学中的元素周期表一样，吉尔福特的模型具有预测作用。它假定了 150 种能力，这些能力是否真实存在，还需要通过研究来确定。吉尔福特还提出，传统的智力结构理论忽视了创造性智力的作用，而他认为，在创造性智力中，发散思维具有非常重要的作用。

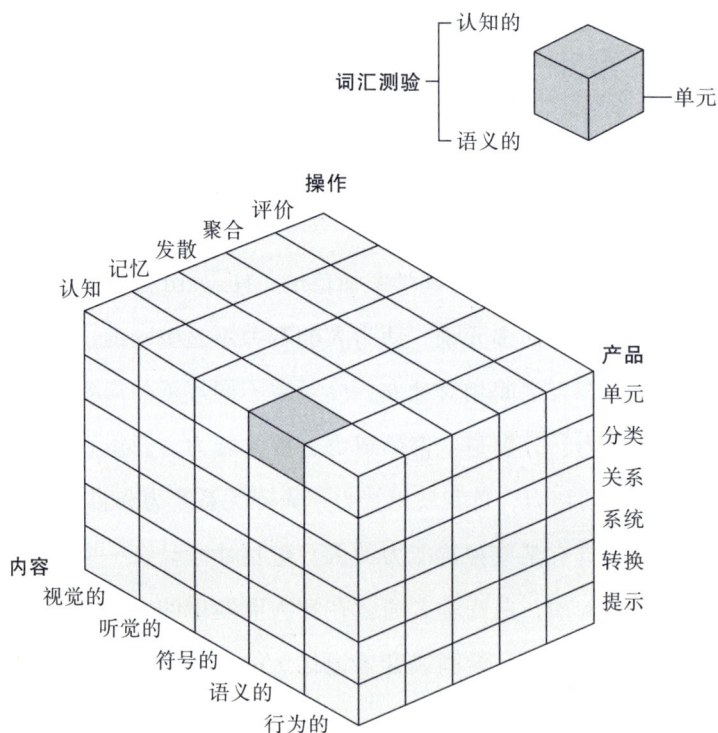

图 23-2　智力的三维结构模型

吉尔福特的三维结构理论极大地扩展了智力的结构。智力不再是 3 种、8 种或 10 几种，而是上百种。人只有具备这些能力，才能适应社会生活多方面的需要。但是由于他设想的智力成分太多，在用于设计智力测验时，遇到的困难比较多。

在当代智力研究中最有影响的一种主张是斯滕伯格（Robert Sternberg，1988a，1997，2005）的**智力三元理论**，也叫成功智力理论。斯滕伯格认为，智力应该由分析的智力、创新的智力和实践的智力三个部分构成。其中分析性智力（analytical intelligence）涉及解决问题和判定思维成果的质量，主要包括比较、判断、评估等分析思维能力；创造性智力（creative intelligence）涉及发现、创造、想象和假设等创造思维的能力；实践性智力（practical intelligence）涉及解决实际生活中问题的能力，包括使用、运用及应用知识的能力。三者都具备就是成功智力，当三者协调、平衡时，智力才最为有效。如果说在智力研究中，心理学家过去更多关注与"学业成绩"相关的智力，那么斯滕伯格则强调了实践智力的重要性，基于这种认识设计的智力测验有可能更好地预测人们在实际工作中的成就。

还有一些心理学家认为，智力不仅是各种认知能力的总和，还应该包含"个体监控自己及他人的情绪和情感，并识别、利用这些信息指导自己的思想和行为的能力"（Salovey & Mayer，1990），也就是说，智力应该包括情绪控制和评价的能力，这就是大家可能很熟悉的情绪智力（Emotional Intelligence，EQ）。

从上面简略的介绍中，我们看到，在一个多世纪的研究中，心理学家对智力的认识经历了很大的变化，从结构走向过程，从静态走向动态，从片面走向全面，从外部行为走向内部机制，从与学业成绩有关到与实践能力有关。智力研究不只停留在基础研究的领域，它越来越与实际生活相结合，帮助人们了解自己，了解他人，对预测和控制人类的行为提供了重要的理论指导。

有 用 的 知 识 增 加 了

智商（IQ）是如何测量的？

通过某种手段来测量智力，客观地反映智力的个体差异，这是科学心理学的一个重要贡献。要测量智力，科学家面临着几个问题：①测什么？这和施测者对智力的理解有关，对智力的不同理解会带来不同的测验。②用什么工具？测量智力就像"度量衡"一样，需要有一套工具，如"尺子""天平"或"升斗"，这些工具必须标准和可靠，才能测到真实可靠的长短、轻重或大小，让人相信。如何编制这种工具，这是摆在心理学家面前的一个重大任务。③如何确定智力差异的标准？一个人聪明不聪明，从来都是相对于别人而言的。我们说一个小学生很聪明，是因为他在班上，或在年级里都表现得很出色。离开特定的人群，就很难评价一个人的聪明程度。下面是几种比较有代表性的智力测验工具。

1. 比奈－西蒙测验

1905 年，法国心理学家比奈（A. Binet）接受了国家教育部长委托的一项任务，要编制一套鉴别"困难生"或"智力落后生"的方法，把这些学生筛选出来，让他们受到更适合于其水平的教育。为了解决教育工作中面临的这个问题，比奈与其朋友西蒙（T. Simon）共同编制了心理学史上第一个智力量表。

2. 斯坦福－比奈量表

美国斯坦福大学研究员刘易斯·特曼（Lewis Terman）将比奈－西蒙量表引进到美国，进行了重要的修订和改进，发展为斯坦福－比奈量表。

特曼采用德国心理学家威廉·斯登（William Stern）提出的智商（Intelligence Quotient，IQ）概念，用心理年龄和生理年龄的比值来表示一个人的智商。这样测到的智商称为**比率智商**，它是对智力的一个比较准确的度量。用公式表示就是：

智商（IQ）= 心理年龄（IA）/ 生理年龄（CA）x 100

如果有 4 个孩子，生理年龄都是 8 岁，但他们的心理年龄分别是 8 岁、7 岁、11 岁和 9 岁。按照上面的公式计算，他们的智商分别是 100、87.5、137.5 和 112.5。

3. 韦氏智力量表

斯坦福－比奈量表经过了 5 次修订，已经成为现代很流行的一个智力测量工具，但这个量表主要适用于儿童。为了将智力测验推广到成人，韦克斯勒（David Wechsler）将"操作项目"引入测验，如拼图、摆放积木等，这样让某些不识字的成年人也能接受该测验。由此他进一步为特定的年龄群体开发了系列的智力测验（Wechsler，2002，2003，2008），包括韦氏成人智力量表（WAIS-R）（适用于 17 岁以上成人）、韦氏儿童智力量表（WISC-Ⅲ）（适用于 6~17 岁儿童、青少年）和韦氏学龄前儿童智力测验量表（WPPSI-R）（适用于 4~6 岁儿童）。

由于智力测验的编制受到特定文化环境和国情的影响，现在大家都意识到，对国外量表进行修订，编制适合中国文化的智力测验是非常必要的。在修订的量表中，经常用到的有林传鼎、张厚粲修订的《中国韦克斯勒儿童智力量表（WISC-CR）（城市版）》，龚耀先主持修订的《韦克斯勒成人智力量表（WAIS-RC）（城市和农村版）》等。在新编制的量表中，有范存仁编制的《中国儿童发展中心（CDCC）0~3 岁婴幼智能发育量表》，张厚粲等人编制的《CDCC 3~6 岁中国儿童发展量表》等。

24

为什么说智力是稳定的，又是可变的？

　　智力是稳定的，又是可变的。智力的稳定性表现在人在不同时期测到的智商是相近的。比如一个人在 20 岁时测到的智商是 120，那么 10 年后，他（她）30 岁时，测到的智商仍可能是 120 左右；同样，一个人在 20 岁时测到的智商是 90，那么他（她）30 岁时，测到的智商仍可能是 90 左右。智商，代表了某个人在所属年龄群体中的相对位置。对某个人来说，这个位置是相对稳定的。就像人的身高一样，一个人在年轻时属于"高个儿"，等他（她）到中年或老年时，仍旧是个"高个儿"。

　　同时，智力又是可变的。还以身高为例，人从出生到长大，身高在不断增长；但到老年，身高会逐渐下降。人的智力也是这样。图 24-1 说明了智力在人生中出现的变化。从图上看到，智力在青春期和中年阶段，会不断上升，随后开始下降，在进入老年后，下降更加明显。

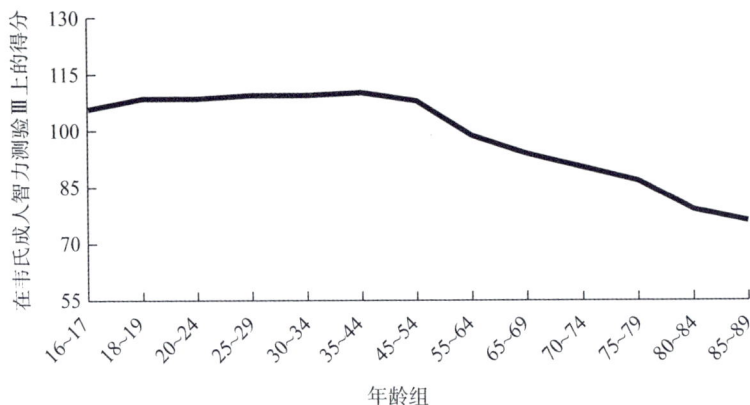

图 24-1　智商随年龄而出现的变化

和身高一样，随着时代的不同，人的智力的总体水平也会改变。心理学家詹姆斯·弗林（James Flynn，2012，2001）在一项研究中发现，现代人的平均智商比 19 世纪提高了近 30 分。现在一个普通人的智商，可能比 1990 年 95% 的人的智商都要高。这种现象被称为"弗林效应"（Flynn effect）。需要指出的是，智力的这种变化可能与测量智力的工具有关。由于现代人的日常生活"更像是一场智力测验"（夏克特，等，2016），因而测到的智商会高一些，弗林效应并不能得出现代人一定比古人更聪明的结论。

有 用 的 知 识 增 加 了

什么是流体智力和晶体智力？

　　心理学家卡特尔（R Cattell，1963）提出了流体智力和晶体智力的概念，按照智力的性质解释了智力的稳定性和可变性。在他看来，流体智力（fluid intelligence）指在信息加工和问题解决过程中所表现的能力，如对关系的认识、类比、演绎推理能力，形成抽象概念的能力等。它较少依赖文化和知识的内容，主要取决于个人的禀赋。一般人在 20 岁以后，流体智力的发展达到顶峰，30 岁以后将随年龄的增长而降低。而晶体智力（crystallized intelligence）指通过掌握社会文化经验而获得的智力，主要取决于后天的学习。晶体智力在人的一生中一直在发展，只是到 25 岁以后，发展的速度渐趋平缓。

彭聃龄 教授

丁国盛 教授

智力与智能有什么区别？
如何发挥智力优势？

有的人可能智力水平比较高，但没法发挥出这项优势，转化为自身的能力（工作、生活、情绪、人际适应等方面），那怎么把智力转化为智能呢？

丁老师说

　　智力是一个心理学的特定概念，但智能不是。我们生活中会经常用到"智能"，可以将其理解为是心智发展并能够转化到生活或者工作中的一种能力，实际上是对心智水平的一种综合测量。智力有特定的含义，人和人之间水平有高有低，或者换句话来讲，智力有度量的色彩，它是心理测量中的一个概念。按照加拿大心理学教授爱德华·加德纳提出的"多元智力理论"，实际上智力本身又可以分解成很多不同的方面，就像运动智力、音乐智力、数学智力等。但通常来说，智力往往是一个综合指标。

如何把智力转化成智能？智能不是一个严格的心理学概念，如果把智能类比为能力，按照刚才来讲的话，其实智力和能力也不完全是一回事。有的人尽管在智力测试的时候水平挺高，但是在实际生活中总是觉得他的能力并不强，像工作能力、某些生活能力、适应能力等。可能原因有两个方面：一方面，智力本身是一个非常综合的指标，但是我们的生活中往往要面对的挑战比较多，在不同挑战中每个人都会表现出一些独特之处，比如有的人适应能力特别强，有的人社交能力特别强，有的人运动能力特别强等。所以，我们就容易产生这样一个印象——这个人看上去挺聪明，但是在某些方面可能表现不是特别好。另一方面，我们在生活中说到的像工作能力、情绪管理能力、生活适应能力等能力的形成，先天和环境都会有影响。比如说意志力就是在长期的坚持下练就和增强的。这种能力的形成是综合因素的作用，智力因素和非智力因素都会起作用。

简单来讲的话，能力（或者智能）与智力的一个重要的不同在于，当我们说某一方面能力的时候，它其实有某个特定领域的指向性，而智力就是一个综合因素，这两者之间并不是完全等价或者成正比的，能力的形成和培养受到了很多因素的影响，特别是一些非智力因素在里面扮演了重要的角色。

关于智力的研究，我觉得心理学中有几点是值得说说的。

智力是可以测量的。智力的产生从一开始就是一些学者为了学业的差异而设计的概念，可测量性是它的一个重要特点。

彭老师说

智力是复杂的。比如，在一个早期量表中，智力是用 6 个方面来度量的：绘画、折叠、给单词下定义、判断词义、回忆故事、进行推理活动。这里既包括语言和推理，也包括绘画和折叠活动等。

智力的内涵在不断发展。如 20 世纪 80 年代末至 90 年代初的加德纳智力多元理论，把智力分成 8 种。到 20 世纪 90 年代，又出现了斯滕伯格的智力三元理论，将智力看作是一种选择、适应并改变生活环境的能力。智力不仅包含解决我们在阅读文章、解答数学题目时所用到的分析、判断、比较等"分析性智力"，而且包含一个人能否创新性地解决问题的"创造性智力"和用来解决实际生活问题的"实践性智力"。除此以外，还有"情绪智力"也在这时进入我们的视线。

关于智力、能力和才能。智力是一个相对有明确内涵的概念，而能力是描述智力的"属概念"，它常常被用来帮助定义智力的概念。而才能是描述某些特点的能力，如艺术才能、音乐才能、绘画才能等。能力和才能都和智力有关，但又不是相同的概念。

关于智能的概念。日常生活中我们常常使用"智能"一词。

如智能手机、智能手表、智能拖把，似乎人能做到的让机器去实现，就叫智能。由于含义过分宽广，不好定义，更不好测量，因此，从智能的角度来扩展一下智力的内容，把智力转化为智能，至少从当前来说，还不好实现。

人格和性格

25

人格有好坏之分吗?

人与人的心理差异不仅表现为智力的差异，还表现为某些心理特质的差异、待人接物的差异、态度和行为方式的差异等，这些差异简单讲就是人格的差异。

什么是人格？人格是一种相对稳定的行为方式，具有跨时间和跨情境的一致性——在不同时间和情境下，其表现一致，且具有个人的稳定特点，能把一个人与另一个人区别开。

在人格的研究中，心理学家面临着几个重要的科学问题：人格由哪些成分构成？人格是先天的还是后天习得的？人格有没有好坏？它在人的发展中有什么作用……

人格包含气质和性格两个最重要的成分，前者即我们平时所说的脾气和秉性。它主要是一种先天的特性，自然也就**没有好坏之分**了。而性格（character）体现在对己、对人、对事物的态度和所采取的言行上，它是一种与社会相关最密切的人格特征。在性格中包含有许多社会道德含义。正因为这样，**性格是有好坏的**。

相对于气质而言，性格更多受到社会生活的影响。有些心理学家强调人格结构中的气质因素，也就是人格的自然属性，因而认为人格与道德评价无关，没有好坏之分，这种说法是不妥当的；而另一些心理学家强调性格在人格结构中的作用，也就是人格的社会属性，因而认为人格与道德评价有关，是有好、有坏的。

心理学家研究人格，主要是从人格特质和人格类型两个角度开展。第一位研究人格特质的心理学家是奥尔波特（Gordon W. Allport）。1921年他出版了首部关于人格特质的著作《人格特质：分类和测量》，提出了核心特质和从属特质的概念，认为在环境的影响下，特质是可以变化的。他还预测，总有一天，科学家会发明出足够先进的技术，通过考查神经结构来查明人格特质。

卡特尔（Raymond B. Cattell，1905—1998）是另一位研究人格特质的心理学家。1949年卡特尔用因素分析法提出了16种相互独立的根源特质，编制了"卡特尔16种人格因素调查表"（Sixteen Personality Factor Questionnaire，16PF）。在他看来，每个人都具备这16种特质（表25-1），但表现程度有差异，因此人格的差异主要表现在量的差异上，可以对人格进行量化分析。

表25-1 16种人格因素

	人格因素	高分者的特征	低分者的特征
A	乐群性	孤独缄默	乐群外向
B	聪慧性	迟钝、知识面窄	聪慧、富有才识
C	情绪稳定性	情绪激动	情绪稳定
E	恃强性	谦逊顺从	支配、攻击
F	兴奋性	严肃审慎	轻松兴奋
G	有恒性	权宜敷衍	有恒负责
H	敢为性	畏怯退缩	冒险敢为
I	敏感性	理智、着重实际	敏感、感情用事
L	怀疑性	信赖随和	怀疑刚愎
M	幻想性	现实、合乎常规	幻想、狂放不羁
N	世故性	坦白直率、天真	精明能干、世故
O	忧虑性	安详沉着、有自信心	忧虑抑郁、烦恼多端
Q1	激进性	保守，服从传统	自由、批评激进
Q2	独立性	依赖、随群附众	自立、当机立断
Q3	自律性	矛盾、冲突，不拘小节	知己知彼、自律严谨
Q4	紧张性	心平气和	紧张困扰

当代影响最大的一种特质理论是大五因素模型（Five-Factor Model，FFM）。塔佩斯和克里斯图（Tupes & Christal，1961）运用词汇学的方法对卡特尔的特质变量进行了再分析，发现了五个相对稳定的因素。之后经过许多学者的进一步研究，逐渐达成了共识。这五个因素是：

（1）外倾性：表现为健谈的、精力充沛的、果断的／安静的、有保留的、害羞的；

（2）宜人性：有同情心的、善良的、亲切的／冷淡的、好争吵的、残酷的；

（3）尽责性（公正性）：有组织的、负责的、谨慎的／马虎的、轻率的、不负责任的；

（4）神经质（情绪性）：稳定的、冷静的、满足的／焦虑的、不稳定的、喜怒无常的；

（5）开放性：有创造性的、聪明的、开放的／简单的、肤浅的、不聪明的。

这五个因素都具有两极性，其高端接近于该因素的命名，低端则相反。不同学者在不同国家和地区进行的研究表明，这些因素普遍适用于不同的国家和地区。

近年来，中国心理学家在大五因素的基础上，经过修订，提出了更加适合于我国国情的大七因素，即外向性、善良、行事风格、才干、情绪性、人际关系和处世态度。中国人重视人际关系，注意处事态度，大七因素反映了中国人的人格特点。

有关人格类型的研究起始于古希腊的医生希波克拉特（Hippocrates，公元前 460—377 年）。他假定人有四种体液：黏液、黄胆汁、黑胆汁、血液，由于四种体液的配合比率不同，形成了人的四种气质类型。之后，罗马医生盖伦（Galen，约130—200年）进一步确定了气质类型，提出人的四种气质类型是胆汁质、多血质、黏液质、抑郁质。

20世纪30年代，俄罗斯著名生理学家巴甫洛夫（Ivan Petrovich Pavlov，1927）提出了高级神经活动学说，根据神经过程基本特性（兴奋过程和抑制过程）的强弱和平衡性，把人的高级神经活动类型分成四种：强—平衡型，强—不平衡型，弱—平衡型，弱—不平衡型，认为这是气质的生理基础。这些主张一直影响到现在。

生活中我们常常听说，××的气质是胆汁质，××的气质是抑郁质。胆汁质的人可能表现为热情直率、思维灵活、精力旺盛、勇敢果断，但粗枝大叶、鲁莽冒失、感情用事；而抑郁质的人可能表现为情绪体验深刻、细腻持久、情绪抑郁、多愁善感、思维敏锐，但不善交际、独处离群、举止缓慢、软弱胆小、优柔寡断等。但是这种研究遇到了两个问题，一个是具有四种典型气质类型的人数不多，绝大多数人属于"中间型"，这给分类造成了困难；另一个是，研究者根据个体的行为特征来区分气质类型，再用气质类型来预测个体的行为特点，就有"循环论证"的问题了。

将人格区分为不同类型，还有不同的标准。例如瑞士著名精神分析学家荣格（Carl G. Jung，1875—1961）依据"心理倾向"将人格分为外倾型和内倾型两种，认为当一个人的兴趣和关注点指向外部客体时，就是外倾人格；而当一个人的兴趣和关注点指向主体时，就是内倾人格。外倾型的人情感外露、自由奔放、不拘小节、善于交际等，而内倾型的人情感内隐、含蓄、喜欢深思熟虑、不善交际等。同样，大部分人都兼具两种倾向，只是某种倾向占上风罢了。

近年来，我们在网站上还能看到一些"人格类型"，如按照人的出生年月日把人分成不同类型，并用不同星座进行命名，如狮子座、天秤座、白羊座等；也有人用不同动物人格进行分类，如猫头鹰型、熊猫型等。这些分类的依据显得不充分，也很难进行证伪，因而不是真正的心理学研究，仅作娱乐。

26

如何了解一个人的人格特点？

人格和智力一样是可以度量的。从 20 世纪 20 年代以来，心理学家开发了许多检测人格的方法——人格测验、访谈、投射测验、人格问卷、行为测评等，其中有些可称为客观测验，如明尼苏达多相人格测验和大五人格测验；有些可称为主观测验，如墨迹测验和主题统觉测验。

在**客观测验**中，人格测验用一些经过标准化的试题，要求被试回答，分析被试的答案，与常模进行对照，然后对个体的人格做出评价和结论。其中有些测验如明尼苏达多相人格测验，主要用在临床上，能将病人和正常人区别开来；有些测验则适用于普通人。

行为评估是客观方法的一种，是观察方法在人格心理学中的应用。例如观察者可以记录个体发起的社会交往的次数，如提问的次数或攻击行为的次数；也可以记录事件持续的时间，如小孩谈话的时间、成人合作行为的时间和工作的时间等。

在**主观测验**中，施测者给被试观看一些模棱两可的、不确定的图形，如墨迹图（图 26-1）或主题统觉图，让被试随意描述。在这个过程中，让被试把自己潜意识的欲望投射到这些图片上，经过施测者的分析，就能检测到被试的人格特点。

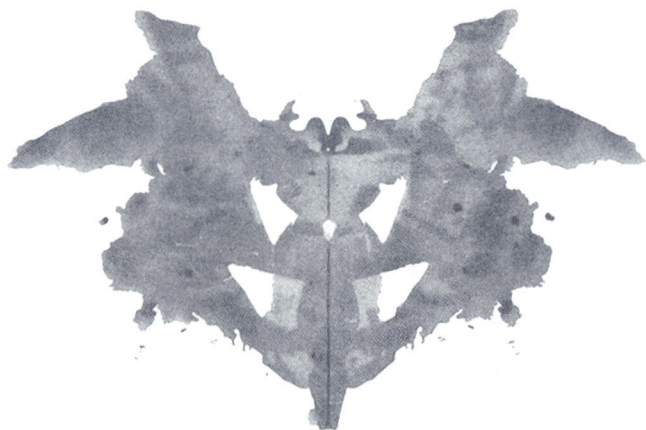

图 26-1　墨迹图

由于不同研究者对人格的理解不同，研究的目的不同，他们编制的测验也不同；同样，不同测验也提供了理解人格的不同视角。因此只有综合采用不同的测验，才能更加准确地了解一个人的人格特点。

彭聃龄 教授　　　　丁国盛 教授

MBTI 人格测试准吗？

人格测试的结果准确吗？人格会变化吗？如何看待 MBTI 测试在社交媒体的爆红？是否代表当代人迫切需要获取一种自我认同？接受这种"标签"及附属意义对于个体是不是一件好事？会不会导致我们囿于其框架之中，将自己及他人的思维及行为的归因简单化？

　　人格测验有很多种类型，这些测验到底准不准？实际上在心理学领域，大家觉得一些经典的人格测验还是非常好的。人格测验面对的就是人和人之间的差异。最早的气质类型（胆汁质、多血质、抑郁质、黏液质）是从古希腊时期就提出来的，这个分类到现在仍然非常经典。

· · · · · ·

丁老师说

· · · · · ·

第二个问题是，人格会不会变化？从人格的定义上来讲，人格"反映"的是人的一种比较稳定的心理特征，但是这个稳定又是有相对性的，并不是说人格永远不会变化，人格相对稳定，仍然是存在变化的。

我们会观察到，小孩子在成长的过程中，有的小孩比较内向，长大之后会因为种种原因，如工作原因、环境影响或者是自身的调整，他的性格和小时候差别很大。

总体来讲，人的性格随着年龄的增长而更加稳定，但是也不排除一些突发情况会让人格发生非常大的改变。比如说家里突然发生的变故，亲人去世，或者非常富有的人突然破产，在这种意外的影响下，是有可能导致人格改变的。

另外，一些疾病或者是大脑的一些器质性损伤，也可能会影响人格。

最经典的是盖奇的例子。盖奇是个铁路工人，在一次工程中，炸药意外提前引爆，一根铁棒就腾空插到了盖奇的脑袋里（图2-1），当他的身体恢复后，周围人却发现盖奇的人格发生了重大的改变。一般人的人格是倾向于越来越稳定的，但是特殊事件的发生，可能会导致人格发生一些戏剧性的变化。

如何看待MBTI测试的爆红？这个测试在经典的心理学教材中没怎么被提及，但它现在确实非常流行。这背后可能有很多不同的原因。根据我自己的判断来讲，首先，这个测验比较直观。该测验是通过四个维度理解人格，包括内倾和外倾、实感和直觉、理智和情感、判断和理解这四个维度。这四个维度分别组合，就呈现出 16 种人格类型，当然这 16 种类型还可以再进一步合并成一些更主要的类型。

相比较来讲，这四个维度和生活经验很容易联系。卡特尔的 16PF 测验也分成 16 种人格特质，同样也是 16 种类型，但它实际上是两两组合，理解起来很烦琐，光记住那 16 种名字都很难，不像 MBTI 这么容易记忆。

其次，这个测验也把性格特征和职业建立起联系，像指挥官、建筑师等，这样又和职场建立了联系。在生活经验中，它提到的特征比较容易在周围人中找到一些原型。所以我觉得这个测验能够这么流行，一方面因为它好理解，和经验相符，另一方面是它能和个人的需求联系起来，再加上网络的推广，多种因素的作用下，带来了这样一种爆红的现象。

我想这也恰恰说明了它比较成功，能够在整个社会出圈。尽管在心理学教材中介绍 MBTI 测验的不太多，但是它在社会上非常流行，这也是一种成功。

MBTI 测验背后的理论基础，其实和荣格当年提的心理类型是密切相关的，因此该测验本身也是基于比较经典的心理理论进行开发的。

提到"标签化"对于个体是不是一件好事，可能不好直接用好和坏来评判，我觉得这是人认识自己的一个很自然的过程，就像一个人会不自觉地考虑自己到底长得好看不好看，我的性格怎么样，我的为人怎么样等，这是了解自身的自然过程。

如果这个测验能够为个体提供一种框架来了解自身，总体上还是好的。

当然这里面还存在一个问题，即这个"标签"是否会带来一种限制，就是说是不是会让我们在这个框架之中，把思维、行为的归因简单化？可能会出现这样的情况，但是我的想法是如果出现了这样的情况，也不是因为测试带来的，而是做测试的人理解问题的方式带来的。如果把这个测试非常直接地套用到各种事情上，停止了对复杂性的进一步思考，这还是个人的问题。即使没有这样的一个工具，他在其他的事情上仍然会出现类似的问题。

所以不是工具的问题，是人如何借助这样一项工具来理解自身的问题。如果需要调整的话，也不是要批判"标签化"，更多的还是要提醒使用工具的人，不要简单化地去理解自己和他人，我们需要理解人性的复杂。

彭老师说

任何人格测验和智力测验都存在这个问题，即"测不准"的问题，但研究还得做，相关的量表还要编制，这也是"科学"存在的问题。你不能因为科学没有"穷尽"就不搞科学，也不能因为测验可能不准就不编测验。

但有办法来尽量解决这个"测不准"的问题，这就是测验的信度和效度问题。所谓信度是测验的可靠程度，而效度是指测验能测量到需要的心理品质的程度。为了做到这两点，心理学家需要对人的人格和智力进行研究，注意采样，严谨和科学地进行测试，而不能随便搞一个东西，编一个问题，后面这种做法正是日常生活中大家见到的某些"测验"，有些说法是不能随便相信的。

另外一个办法，就是要不断研究，用新的测验来取代或补充旧的测验，也就是存在一个发展的问题。心理学中有许多智力测验，也有许多人格测验，它需要补充、修订和更新，而不是一个测验用几十年，就是这个道理。

人格是否变化和发展？人格具有跨时间、跨情境的稳定性，如果不是有这样的特性，就不能称为人格特性。一个偶尔抑郁的人，不是抑郁型的人，一个人只有在不同时间和场合都抑郁，才是具有这种人格特质。但稳定性不是说不变化、不发展。人格的稳定性和发展变化是相辅相成的。

如果不能采用科学的态度来对待智力和人格测验，在实践中，的确会"导致囿于其框架之中，将自己及他人的思维及行为的归因简单化"。如有人曾经为自己的智力测验分数偏低而"背上包袱"，或为自己的人格测验不好而"郁郁寡欢"，但这个问题不是智力和人格测验必然带来的问题，而是使用的人的问题。有些人总爱将自己套在某个"框架"内，工具只不过提供了一种手段罢了。

相对于其他人格测验，MBTI 和我们的生活比较靠近，其中的外倾和内倾也是大家比较熟悉的概念。人们喜欢用自己比较熟悉的工具，而媒体也顺应了人们的爱好，听说这是目前国内大中型企业很流行的性格特质测验，在媒体的推介下，据说使用的人多达几十万、上百万。至于说它是不是最好的人格测验，只能看社会实践的结果。

第四编

人是如何成长的

ESFJ

INFP

ENTP

Q

人格测试准吗？

开心就好

A

Just a game.

小
朋友

27

错过"关键期"会怎样？

　　人从胚胎，到呱呱坠地的新生儿，再到白发苍苍的老人，中间要经历婴儿、儿童、青少年、成年和老年等不同阶段，期间会发生复杂的生理和心理变化。研究这些问题成了心理学的一个重要领域——发展心理学。现代的发展心理学研究从胎儿到死亡的人生全程发展，因此也叫毕生发展心理学。发展心理学中一个重要的问题是"关键期"。

　　"关键期"是适宜某种功能发展的最佳年龄。个体的语言、感知和运动技能，都存在发展的"关键期"。在关键期内，**适宜的刺激**和**经验**能导致个体相应心理功能的正常发展；错过了关键期，要习得相应的心理功能将事倍功半，而且可能永远达不到较高的水平。

不同认知功能，其发展的关键期是不一样的。以视知觉为例，患天生白内障的婴儿，如果不及时做摘除手术，几个月后其视力就很难再恢复了。因为他们的眼睛缺少适宜的视觉刺激，本来用于视觉的神经细胞会发生萎缩或被其他功能所征用。语言功能也是这样。刚出生的婴儿，可以区分母语和外语中语音之间的细微差异。但几个月后，婴儿只会保留对母语语音差异的敏感性，对外语语音细微差异的敏感性就降低了。0～5岁是儿童语言习得的关键时期。在青春期以前，如果儿童还没有接触到正常的语言环境，其语言能力就会受到严重损害。

心理发展关键期与脑的发育过程有关。在脑发育过程中存在一种"**突触**① **修剪**"的现象。在一定时期内，脑神经细胞的突触会大量生长，其数量会远远超过成熟大脑的相应数量；之后"没用"的突触被修剪掉，只保留"有用"的突触，以保证神经信息处理的高效性。如果技能学习恰好发生在相应神经突触大量增长，或数量处于高位的时期，这些技能就更容易通过"占用"神经突触得以保留和巩固。相反，如果突触修剪已经完成，再学习相应技能就变得非常困难。因此，错过了关键期会造成某些功能的永久丧失。

然而，有研究者认为"关键期"的概念过于绝对。有些心理功能，如智力、创造力的发展并没有明显的关键期。而且人脑有很强的可塑性，心理功能的发展也不只发生在关键期之内，即使错过关键期

---

① 突触是两个神经元之间相互连接的部位，通常在一个神经元的轴突与另一个神经元的胞体或树突的连接处，其功能是使不同神经元之间能够相互联系和通信。

也仍然有发展的可能。因此一些学者主张用"敏感期"来代替"关键期"。在"敏感期"内，相应心理功能的发展对环境和经验最敏感，发展最迅速，而不在"敏感期"内，经验或刺激的影响要小得多。

28

胎教真的有用吗？

胎教真的有用吗？很多人有此疑问。20世纪90年代，曾有一种非常流行的说法，认为给儿童（甚至婴儿）听莫扎特的音乐，能让他们变得更聪明。这个说法来自发表在《自然》（*Nature*）杂志上的一篇文章。该文作者发现，成人被试在完成一项需要空间想象的任务之前，如果先听一段莫扎特的音乐，与静默或听一段引导放松的录音相比，能更好地完成任务。之后经过媒体的宣传，就变成了听古典音乐可以让孩子更聪明。1998年，时任美国佐治亚州州长的米勒先生甚至提议从州政府预算中拨出10.5万美元，给每个新出生的宝宝赠送莫扎特或巴赫等古典音乐的磁带或CD光盘。但是，这个说法的科学性仍受到质疑。其理由是，音乐可能只是对大脑有"唤醒"作用，暂时提高脑神经元的兴奋水平，而不是真正提高了"智力"。这里我们再次遇到一个问题，在引用科学的最新发现时，要持谨慎的态度，夸大解读某项基础研究的成果，在实践中可能带来"不科学"的后果。

目前常见的胎教方式包括给胎儿播放舒缓的音乐或故事、抚摸或轻拍孕妇的腹部、用手电筒等对孕妇腹部进行光照等来对胎儿施加刺激。胎教的科学根据是胎儿在发育晚期的神经系统和感觉器官已经有了相当的发展，可以对外界的刺激做出反应。以听觉为例，在受孕 24 周以后，胎儿的听觉器官的发育已接近成人，可以对外界的声音进行响应。这时，适量地听一些适宜的音乐或故事，对胎儿神经系统的正常发育是有益的。但是，目前还没有可靠的科学研究证明，胎教能够显著提高出生后儿童的智力水平，或让个体未来的学业或事业更加成功。因此，不要过分夸大或神话胎教的效果，也不能奢望仅仅通过胎教就培养出一个更聪明或更成功的孩子。

在胎儿期，个体的发展任务是成为一个正常的、健康的婴儿，而胎儿的生活环境就是母亲的身体环境。与其把注意力过多地放在胎儿的胎教上，不如多关注自己，包括自己的身体、情绪、营养、生活习惯等状态，并为即将到来的生产和哺育做好准备。一位对胎教保持平常心态、心情轻松愉悦的母亲，比纠结于胎教，对胎教方式及效果患得患失的母亲会更有利于胎儿的发育。

29

童年对人的一生有多重要？

　　很多心理学家非常强调早期经验在其成长中的作用。例如，弗洛伊德认为，一个人成年后的人格特征是由 0~5 岁的童年经验决定的。精神分析学派的另一位代表人物荣格也说过："一个人毕其一生的努力就是在整合他自童年时代起就已形成的性格。"与此类似，我国近代著名教育家蔡元培说过："幼儿受于家庭之教训，虽薄物细故，往往终其身而不忘。故幼儿之于长者，如枝干之于根本矣。一日之气候，多定于崇朝；一生之事业，多决于婴孩。"

　　在心理咨询中，有些咨询师特别重视"原生家庭"对个体成长的重大影响。所谓"原生家庭"，就是小时候与父母及兄弟姐妹（如果有的话）一起生活与成长的家庭。儿童从"原生家庭"中潜移默化地习得了其家庭特有的思考模式、行为习惯和价值观等，这些会影响其一生。这些说法和理论都强调了童年在人一生发展中的重要性。

为什么早期经验这么重要呢？在人的毕生发展中，每一阶段的发展都是以前一阶段为基础的，早期阶段的发展状态和结果会对后来的各个阶段有重要影响，因而显得格外重要。从脑可塑性的角度看，脑在婴幼儿和童年时期的可塑性最强，人的感知、动作技能发展的"关键期"或"敏感期"都集中在这一阶段。动物的早期视觉经验被剥夺会导致永久性失明，对人类而言，早期经验被剥夺也会带来严重的后果。一个著名的案例是一个名叫"Genie"的美国女孩，她的父亲在她不到两岁时，断定她的心理发展迟滞，就把她锁在一间黑屋子里。房间的窗口也被堵上，见不到阳光，也听不到外面的声音。直到13岁7个月时她才被人发现并解救出来。在她刚被发现时，还穿着尿布，不会说话，像动物一样在地上爬行。后来，她学会了阅读和手语，但学习的速度很慢，学习语法方面更加困难，基本不能说出完整的句子。

有研究发现，如果婴儿在出生后第一年母亲就参加全职工作，而把婴儿交由他人抚养，这对婴儿3~4岁时的言语智力和阅读、数学成绩会有非常大的负面影响，而且这种影响会持续至儿童7~8岁。而另一些研究发现，母亲在产后参加全职工作对儿童的学业成绩会有积极的影响。因为母亲参加全职工作可以增加家庭收入，这或许是儿童成绩提高的原因。除了母亲的作用外，父亲的陪伴和参与也很重要。家庭教养中父亲投入度越高，儿童认知发展迟缓的可能性越低。父亲与儿童积极、定期的接触，能够提高儿童的认知能力，并降低男孩问题行为、女孩青少年期情绪困扰等心理问题的出现概率。

心理学家对儿童早期经验的研究，在实践中被进行了错误的解读。例如，有一个广为流传的口号是"不能让孩子输在起跑线上"。很多家长受此影响，在幼儿园、小学阶段忙于带孩子参加各种"兴趣班""特长班"，孩子疲于应付，没有了可以自己支配的游戏和自由探索的时间，这对发展孩子的自主性、主动性和培养真正的兴趣、爱好是非常不利的。自 2021 年 7 月以来，我国相关部门正式推出了"双减"政策，力图减轻义务教育阶段学生作业负担和校外培训负担。该政策的实施对有效减轻未成年人学习负担，保护其身心健康成长发挥了重要作用。

从家长的角度来说，最直接的动力是希望自己的孩子在成长的每一个阶段都有竞争优势，或至少不能落后。而很多幼教机构则迎合了家长的这种心态，从起跑线的竞争演变成"偷跑"竞争，通过提前学习本应在下一阶段学习的内容，换取儿童在教育中暂时的竞争优势。从表面看，"偷跑"可能产生短期的和"显著的"效果，比如，孩子的识字量快速增加，提前掌握了相关知识，但家长往往忽视了它的长期危害。比如，进入小学后，孩子因知识失去新鲜感，在课堂学习中注意力不集中，不利于养成良好的学习习惯；而且被动的、超出儿童认知能力的学习会让他们丧失学习兴趣和求知欲望，严重者甚至对神经系统造成隐性的损伤，进而危害儿童的身心健康。因此，"幼教小学化"无异于"拔苗助长"，建议家长朋友要注意。

不同个体之间在发展模式上存在较大的个体差异。有的先快后慢，有的先慢后快。先快后慢叫"早慧"，如王安石笔下的方仲永，年纪很小就表现出过人的文学天赋，长大后却"泯然众人矣"。先慢后快叫"大器晚成"，如宋代"三苏"中的苏老泉，27 岁才发奋读书，也成就了一番事业。家长和老师要认识和尊重儿童发展中的个体差异，因材施教，不要提出脱离他们实际情况的过高要求。

有　用　的　知　识　增　加　了

"三岁看大，七岁看老"有道理吗？

中国有句老话叫"三岁看大，七岁看老"，意思是通过观察一个小孩子的性格与行为特点，能够推断他长大后的发展情况和成就。这句话是否能够得到科学研究的支持呢？ 1980 年，英国心理学家开展了一项研究。他们针对当地 1000 名 3 岁幼儿进行了调查分析，根据分析结果把他们分为 5 种类型：充满自信型、良好适应型、沉默寡言型、自我约束型和坐立不安型。到了 2003 年，当这些 3 岁孩子都长大到 26 岁时，研究者再次对其性格特点进行了跟踪研究，发现 3 岁时的言行能够准确预测他们成年后的性格。这一结果说明，"三岁看大，七岁看老"的说法是有道理的。

30

宝宝是如何学会说话的？

儿童习得了语言，就掌握了一套可以表达自己的需要和想法、控制自己的行为、并与别人进行交流的符号系统。

语言理解能力的发展远早于说话能力。出生 4 天的婴儿可以分辨不同长度的音节，甚至能区分母语与非母语的语音；2 个月的婴儿能够区分音素，如 p 和 m；4 个月的婴儿对语言刺激表现出自己的偏好。6 个月的婴儿开始学会保留对母语语音差异的敏感性而失去对非母语语音的敏感性。

语音感知能力的发展与婴儿的大脑发育密切相关。近期一项研究显示（Yu et al., 2021），婴儿出生后 18 个月内建立的大脑功能网络，可以显著地预测他们在学龄期（6.5岁）的语言能力。

有些心理学家认为，语言学习同其他任何技能学习一样，是在刺激和反应之间建立联结。例如，有人说"谢谢你"，而你说"不客气"，就是在两个词语之间建立联结。语言学习过程与老鼠学习按压杠杆获得食物的基本原理是一样的，只不过前者的过程更为复杂。也有心理学家认为，婴儿的语言学习是对成人语言的模仿，不过模仿不必是即时的，也不必一一对应。婴儿在语言学习中具有选择性和创造性。

美国语言学家乔姆斯基则认为，用刺激—反应联结学习无法解释为什么婴儿只听到有限的句子，却能理解他们从未听到过的句子，以及创造出大量的新句子。他认为人脑具有一种先天的对语言进行加工的装置，叫作"**语言获得装置**"，而不同语言间存在相同的语法结构，称为"**普遍语法**"。这可以解释虽然各种语言在性质上有差异，但是人类获得语言的过程却具有惊人的相似性。而且在不同的民族之间，儿童掌握母语的阶段以及在各个阶段中表现出来的特征是相似的。

美国认知神经科学家斯蒂文·平克（Steven Pinker，1994）继承了乔姆斯基关于先天语法的观点，并将之与进化论和神经科学联系起来。他认为是生物进化的力量铸就了语言，为人类提供了一种**语言本能**。人类的语言本能，如同蜘蛛织网、河狸筑坝一样，是一种与生俱来的能力。儿童语言的发展是自发的。平克的观点在社会上引起了广泛的关注。

然而，把语言能力看作一种本能，会淡化或忽视环境和后天学习在语言发展中的重要性。和遗传相比，适宜的语言刺激和语言环境在语言习得中同样很重要。语言能力像其他心智功能一样，也是在遗传和环境的交互作用中发展起来的。

彭聃龄　教授

丁国盛　教授

如何理解"神经多样性"？

自闭症、多动症等是由于脑发育异常导致的吗？可以预防吗？为什么有的孩子注意力差，容易分心？学习障碍是怎么回事？是病吗？

　　很多研究都发现自闭症、多动症儿童的神经结构和功能存在异常，但是难以确定的问题是：发育异常导致了问题？还是说异常只是一种伴随状态，可能有一种更基础的原因（我们还未知）导致这些孩子在行为、脑等各个方面都表现出不同？所以简单一句话来讲，有证据发现这类儿童的神经结构和功能有异常，但这个异常是不是造成疾病的原因，是不太好确定的。

丁老师说

　　关于预防，要看从哪个角度来理解。我的理解是，如果有遗传的基础，可能就很难预防了，但借助后天的干预，是能够让他们的症状得到改善的。不管是自闭症还是多动症，通过合适的技术，都能够有所改善。

但是改善和治愈又不完全一样，可能很难让这些孩子成为完全正常的儿童。孩子自身的特质还会保留，但是通过干预能够让他在某些方面有所提升。所以最好是以孩子个人为参照，而不是以一个正常的儿童为标准。通过训练之后，和孩子自己原先的能力相比有没有提高，用这样一个方式去衡量，对孩子会有更正面的作用。

在某种程度上，学习障碍都有先天基础。学习障碍是一个比较笼统的概念，它又可以细分为：注意缺陷与多动障碍，也就是我们常说的 ADHD，它也会带来学习方面的问题；特异性的学习障碍，像阅读的特异性缺陷，我们叫阅读障碍；还有数学障碍等。这些不同的类型很多都和先天遗传的因素有关系。

神经多样性这个概念，按我的理解，它应该是从"生物多样性"衍生而来的，强调人和人之间的差异。神经多样性，它强调的是多样性，而不是强调正常和障碍，不强调拿一个标准来衡量正常与障碍，或者说偏离了这个标准就一定是一种疾病。这样也许可以给当事人及其家庭一种不一样的处理方式，因为如果你觉得这是一种疾病或者障碍，就得想办法解决；如果你觉得孩子就是这样的一种类型，可能就更容易接纳孩子现有的状态。

但是，这些问题确实也会影响这类孩子的生活，社会上很多工作都有一定的标准和要求，特殊类型的人可能没有办法满足这些标准或者要求，所以从多样性的概念来讲，也许它会给整个社会带来对不同类型儿童更友好的理念。

我们的工作岗位、我们的生活设施都要考虑人和人之间存在的差异，也许这样能让这些孩子的生活变得更方便、更好。所以神经多样性这个概念本身，我还是蛮接纳的，因为正常和障碍的界限其实是非常难确定的，很多时候都是人为制定的。

从多样性的角度来想，每个个体都是独特的，独特就有优势，有些方面的独特性，就会带来特定的优势，但同时也会带来特定的劣势，就像蚯蚓不能走、不能飞，但是它能钻进地底下一样。

从这个角度来讲，我觉得多样性的概念其实是恰恰能让整个社会对和多数人不一样的个体，怀有更多的包容、更少的歧视或偏见。这样更容易达到和谐的关系，这种和谐是多方面的，包括个体自身，他的家庭、父母的态度，以及社会的态度，影响是全方位的，所以我个人觉得神经多样性是一个比较好的理念。

读者关心的可能是怎样理解神经多样性的概念。这个问题我知道的很少，借这个机会上网搜索了一下，有了印象。这里讲讲我的一点看法，因为不是自己的专业，难免有“班门弄斧”的嫌疑。

彭老师说

在我们周围常常能遇到“特殊儿童”，他们有的不会和人交往；有的不能集中注意力做好一件事情，有“多动”的特征；有的有阅读困难，或不理解数字的意义；有的口吃。我们通常称之为“有各种学习困难或表达困难的孩子”。如何看待这些孩子，帮助家长正确处理他们和孩子的关系，改善孩子的生活、学习和工作环境，这就是这个问题的核心所在。

过去大家常把这些问题当成神经发育不正常，也就是说这些孩子与典型神经发育的个体相比，存在差异，因而被冠上"障碍"或"病"的帽子，造成这些个体的心理负担很重。这就是神经多样性提出的背景。神经多样性认为，上述儿童的种种问题，不是异常现象，而是自然界多样性的不同表现。我们平日所说的"天生我材必有用"。每个人只要得到发展的条件，他们都可能取得好的成绩，有些个体还可能做出更出色的贡献。

我退休前，接触过自闭症的问题，其中一条诊断标准是：对整体和细节关系的认知特点。自闭症个体往往对细节更加重视，而忽略整体，而正常个体相反，能更多注意整体的特点。据说神经多样性是由自闭症领域最先提出来的，也许和这个诊断标准有关系。

我个人觉得它的好处是：①有助于减轻这类人群的心理压力，可以让他们尽可能泰然处之；②有助于缓解家长的压力，让家长不会因此而负担重重；③有助于唤醒社会的重视，让大众用正常人的眼光看待他们，接纳他们，还他们一个正常的生活和工作环境，而不至于排斥他们，造成更大的精神伤害。

最近我在网上看到一篇 30 多位科学家联合发表在世界著名期刊《柳叶刀》上的文章。文章呼吁各国政府、雇主、学校、媒体、卫生服务单位，要重视对有精神健康问题者的歧视和污名化，认为这是比患精神病本身更可怕的一种伤害。2020 年以来，全世界抑郁症和焦虑症患者多达 10 亿例以上，其中 70% 出现在 10～19 岁的人群中，这是一个非常可怕的数据。文章特别提到对自杀的歧视和污名化。过去，自杀常常被认为是一种犯罪行为，自杀者的家属要承受很大的压力，文章呼吁"要去自杀犯罪化"。我想这个理念是和神经多样性提出的理念相通的。

对精神健康问题要解除歧视和污名化，对有各种障碍和缺陷的儿童也应该如此，要解决他们学习和工作中遇到的各种问题，社会应该对这些人群采取更包容、更宽松、更积极的态度。

这是神经多样性概念的积极一面，而另一面，我们也要认识到它可能产生的误区。我们要避免混淆"正常"和"疾病"的界线，抹杀"正常"和"疾病"的标准。判断一个现象是正常还是疾病，要看它是否需要他人的照料和社会投入的额外资金。许多学习障碍、自闭症、多动症人群都需要有人照料和额外资金的投入，这和人格的外倾和内倾还不完全相同。这些问题源于某种神经结构或功能的缺陷和病变，因此需要治疗，有的还需要服药治疗。

当多样性超出了界限和标准，家长或个体希望进行矫正和治疗时，相关的人员应该提供帮助和服务，使之得到有效的治疗和矫正。但如果遇到问题都说是神经多样性，这不能帮助解决问题，反而可能耽误治疗，带来不好的后果。

养育的重要

31

依恋关系为何如此重要?

　　依恋指人与人之间拥有的亲密感受以及互相给予温暖和支持的关系。婴儿的依恋行为主要指向其看护者,通过吸吮、拥抱、抚摸、对视、微笑甚至哭叫等一系列行为逐渐与看护者建立起依恋关系。依恋关系对儿童以后的**社会性发展**非常重要。

　　早期研究者认为,依恋行为是因为母亲能够满足婴儿的生理需要,如食物和温暖,通过条件性的强化,孩子学会了依恋母亲并表现出其他的依恋行为。但是,美国心理学家哈洛做了关于恒河猴的依恋实验,发现这种观点可能不正确。他将刚刚出生的小猴与母亲分离,进行人工喂养。在喂养小猴的房间中,有两只机械的"猴妈妈":一只猴妈妈是一个金属框架,上面有喂食的奶瓶;另一只猴妈妈则是在金属框架外面裹上了柔软的布，没放任何食物（图31-1）。如果"依恋"是由于母亲提供了食物，那么小猴就应该表现出对金属框架母亲的依恋。结果发现，当小猴感到害怕时，它会去拥抱柔软的猴妈妈，而不是拥抱提供食物的金属妈妈。这表明舒适和安全是依恋的重要原因，它可能比食物更重要。婴儿由于接触温暖柔软的东西而获得舒适感和安全感。实验还发现，早年失去母子依恋的小猴，成年后抚养孩子会有困难，它们难以与自己的孩子建立正常的依恋关系。

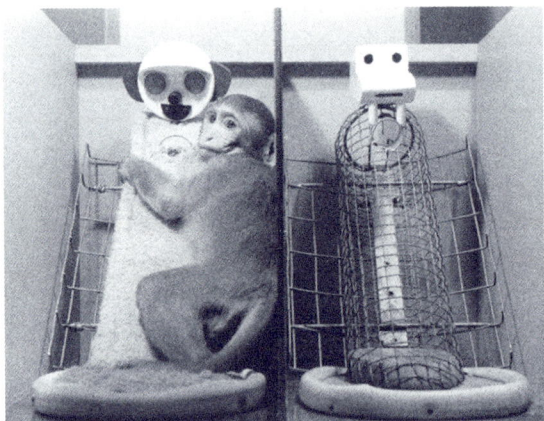

图31-1　哈洛的依恋实验

依恋是孩子与母亲（或其他看护者）在互动中建立起来的一种亲密关系。由于儿童与母亲有不同的互动方式，儿童与母亲之间建立的依恋关系也不尽相同。有的孩子与母亲建立起信任的、安全的依恋关系，当母亲离开时并没有强烈的不安或焦虑；有的孩子总是焦虑，担心母亲离开，他们甚至不能忍受母亲短暂的注意力转移。儿童的依恋行为与母亲对待婴儿的方式有关。**安全型依恋**婴儿的母亲对孩子很敏感，能根据孩子的需要来喂食，并熟悉喂食的时间、速度和方式。而**焦虑型依恋**婴儿的母亲易发怒，不善于表达自己的感情，羞于和孩子有亲密的身体接触。安全型依恋婴儿的母亲对孩子有较多的反应：她们在孩子哭时会去安慰、"回答"孩子的问题，在孩子看着她们时会对孩子说话。

生命的第一年，尤其是 6 个月~1 岁，对形成依恋关系似乎最重要。当婴儿从稳定的家庭和照顾者那里获得较好的照料时，他们更容易形成积极的人格品质。如果婴儿得不到稳定的、高质量的照料，他们就可能逃避母亲，并在以后出现情绪和社会性的问题。

32

你是哪种父母教养方式？

　　父母的不同教养方式，对儿童的发展和成长有重要的影响。如何区分教养方式的类型，有一些不同的角度。有的研究者从"控制—民主""温情—敌意"和"焦虑—平静"这 3 个维度评价不同的教养方式，并将教养方式分为 8 种类型。也有研究者仅将父母教养方式分为"积极支持"和"消极控制"两个方面。影响比较大的是美国发展心理学家鲍姆林德提出的 4 种类型：权威型、专制型、溺爱型和忽略型。这四种类型来自两个维度的组合，其中一个维度是父母对待儿童的情感态度——"接纳"还是"拒绝"，另一个维度是父母对儿童行为的约束和要求程度——"约束"还是"放任"。

1. 权威型（接纳＋约束）

权威型父母在情感上积极接纳儿童，表现出肯定、耐心的态度，尽可能满足儿童的要求；同时对儿童也有较高的期待，会提出较高的标准或要求，并让儿童努力达到这些要求。权威型父母一方面能够满足孩子生存和生活需要，另一方面也能满足孩子发展的要求，提供给孩子**明确的目标**和**必要的爱的支持**。

在权威型家庭中成长的儿童，身心可以得到比较好的发展，能体会到自己被爱、被信任和尊重，容易建立起安全感，以及感受到自己的价值。同时，也能够建立起规则意识，尊重各类规则、制度和要求并努力做到，能够主动学习和积极适应环境，在性格上会比较阳光、乐观和自信。

2. 专制型（拒绝＋约束）

专制型父母要求儿童对自己**绝对服从**，并按他们设计的蓝图去发展和成长，并随时监控；在情感上则对儿童持**排斥和拒绝**的态度，对儿童自身的要求、情感和意愿表现为冷漠和忽视，常常不闻不问。

在专制型家庭中成长的儿童，在表面上显得很顺从，表现很乖，对各种指令会机械地执行，但内心往往很抗拒。同时，做事情缺乏热情、主动性和创造性，不愿意尝试和学习新事物，害怕犯错误和被批评。在青春期可能会爆发出比较严重的叛逆行为。

3. 溺爱型（接纳 + 放任）

溺爱型父母在情感上**完全接纳**和**爱护**孩子，但缺乏对孩子的要求和约束。父母对孩子往往一味地纵容、讨好和保护，**放任**儿童自己做决定而不做任何要求，比如，任由孩子玩游戏、看手机、吃零食，不要求他们做家务，对儿童违反规则的行为也不予批评。

在溺爱型家庭成长的孩子，容易形成"以自我为中心"性格，往往比较任性、霸道，缺乏责任感，合作性差，很少为别人考虑。缺乏规则意识，独立性差，难以适应新环境，同时自信心不足。不容易接受别人的批评，比较脆弱敏感，容易产生挫败感。

4. 忽略型（拒绝 + 放任）

忽略型父母在情感上对孩子缺乏积极的关爱、接纳和回应，在行为上则缺乏对孩子的积极要求、约束和反馈，亲子间的互动很少，不愿陪伴儿童，容易流露厌烦、不愿搭理的态度。对儿童的一些物质需求，如买玩具、买新衣服等，可能会痛快满足，对儿童成长中比较耗时费力的事情，如培养好的学习习惯和社会行为规范等，则往往缺乏耐心。有些忽略型父母是因为工作太忙，无暇照顾子女。

在忽略型家庭成长的孩子，往往缺乏安全感，很少替别人考虑，对人缺乏热情与关心，没有生活和学习目标，做事拖拉，不懂规则。这类孩子在青少年时期容易出现焦虑、攻击和反抗行为。

　　总之，父母的不同教养方式对儿童的发展有重要的影响。作为父母，需要建立一种平等和谐的家庭氛围，在情感上充分接纳孩子，给予积极的爱与关注，在充分尊重孩子意愿和选择的基础上，给予积极正确的指导、要求和必要的规范和约束，使儿童在培养阳光、乐观性格的基础上，也养成群体生活和进入社会所需的规则意识、社交技能及合作能力。

33

是对还是错？

　　我们在生活中经常需要对一件事情是对还是错进行判断，心理学家也经常采用这样的任务来研究儿童的道德意识和道德观念的发展情况。比如，瑞士心理学家皮亚杰为了研究 4～12 岁儿童的道德观念发展，设计了一些故事情境。例如，在一个情境中，男孩 A 因为偷拿壁橱中的糖果打破了一个杯子；在另一个情境中，男孩 B 因为帮妈妈洗碗不小心打破了三个杯子。要求孩子们回答谁的过失更多。结果发现年幼的儿童多数认为男孩 B 的过失更多，因为他打破了更多的杯子；而年龄大一些的儿童则判断男孩 A 的过失更多。

　　皮亚杰提出，儿童的道德发展主要经历两个时期：道德他律时期（5～8 岁）和道德自律时期（8～12 岁）。处在**他律阶段的儿童，**

其道德判断是僵硬的、简化的，只从行为的结果做出道德判断，很少考虑行为的动机。他们相信规则是由父母或其他权威人物制定的，不应该改变，违反了规则就应受到严厉惩罚。进入**自律阶段**以后，儿童开始能够设想他人的立场，以行为的动机而非结果来进行道德判断。他们开始认识到行为的原因和结果不止一种，道德判断开始呈现多样化。他们开始认识到没有绝对不变的道德原则，规则是人定的，也可以由人来修改。

心理学家柯尔伯格（Lawrence Kohlberg）进一步用"道德两难故事"研究了儿童的道德发展。

一个患了癌症的妇女濒临死亡，医生告诉她的丈夫汉斯，只有一种药能挽救她的生命，这种药也只有一家药店出售。于是汉斯来到这家药店买药，发现药价2000元。汉斯四处借钱，只凑到1000元，于是他哀求药店老板把药便宜点儿卖给他，或者先赊欠，以后还清。但是药店老板一口拒绝，说卖药就是为了赚钱。汉斯无奈，只好夜里闯入药店，将药偷走。汉斯这样做对不对？为什么？

柯尔伯格采用这类故事进行了研究，提出道德推理的发展存在三个发展时期，每一时期又分成两个阶段，一共六个阶段。

1. 前习俗时期（4~10岁）

这一时期的儿童处于外在控制的时期，服从于得到奖赏、逃避惩罚的道德原则。

阶段 1. **避免惩罚的服从阶段**：儿童专注于行为的结果（如打破多少个杯子）或刺激的物理属性（如撒谎的程度），遵从他人的规则以逃避惩罚、得到奖赏。对"汉斯偷药"的问题，一个典型的赞成原因是："他事先请求过，又不是偷大东西，他不会受重罚"；反对原因是："偷东西会被警察抓起来，受到惩罚"。

阶段 2. **相对功利阶段**：儿童开始基于自己的利益和他人将给予的回报来考虑服从原则，他们以被满足的需要来评价行为。典型的赞成原因是："汉斯应该拿那些药，因为他的太太需要这些药，而且他想让自己的太太活下去"；反对原因是："如果妻子一直对他不好，汉斯就没有必要自寻烦恼，冒险偷药"。

2. 习俗时期（10~13 岁）

儿童将权威的标准加以内化，他们服从法则以取悦于他人或维持秩序。

阶段 3. **寻求认可阶段**：儿童希望取悦他人，帮助他人。他们经常会想"我是不是一个好孩子"，并提出自己的标准。儿童会根据行为的动机、行为者的特点以及当前的情景来评估行动。对"汉斯偷药"问题，典型的赞成原因是："不管妻子过去对他好不好，他都得对妻子负责。为救妻子去偷药，只不过是做了丈夫该做的事"；反对原因是："做贼会使自己的家庭名声扫地，给自己的家人（包括妻子）带来麻烦和耻辱"。

阶段 4. **顺从权威阶段**：儿童开始考虑社会体系、良心和自己的责任，显示出对较高权威的尊重，并力图维持社会秩序。如果一个行为违反了某种法规并伤害了他人，他们都会认为这一行为是错误的。对"汉斯偷药"问题，典型赞成的原因是："偷东西是不对，但不这样做，汉斯就没有尽到丈夫的义务"；反对的原因是："采取非常措施救妻子的命，合情合理，但偷别人的东西犯法"。

3. 后习俗时期（13 岁以后）

道德观完全内化，他们认识到道德原则之间的冲突，并懂得如何从中进行选择。

阶段 5. **社会契约阶段**：认识到法律和社会习俗都是一种社会契约，大家可以相互承担义务和享有权利，利用法律可以维持公正。同时也认识到，契约不一定完美，可以根据需要而改变，使之更符合社会大众的利益。对"汉斯偷药"问题，典型的赞成原因是："法律禁止人偷药，却没有考虑到为了救人性命而偷东西这种情况。汉斯不得不偷药救命，如果有什么不对的话，需要改正的是现行的法律，稀有药品应该按照公平原则加以调控"；反对的原因是："丈夫没有偷药救妻子的义务，这不是正常的夫妻关系契约的组成部分。汉斯已经为抢救妻子尽了全力，无论如何都不应该采取偷的办法解决问题，但他还是去偷药了，这是一种超出职责的行为"。

阶段 6. **普遍价值阶段**：人们依据自己认为对的方式行事，而不再受法律或他人意见的束缚。他们的行动依据内在的标准，行为受自我良心的约束。对"汉斯偷药"问题，典型的赞成原因是："为救人性命去偷是值得的。对于任何一个有道德理性的人来说，人的生命最可贵，生命的价值提供了唯一可能的无条件的道德义务的源泉"；反对原因是："汉斯设法救妻子的性命无可非议，但他没有考虑所有人的生命的价值，别人也可能急需这种药。他这么做，对别人是不公正的"。

柯尔伯格认为，并不是每一个人都会经历所有这些发展时期，事实上，有些人直到成年也没有超越寻求认可或顺从权威的阶段。柯尔伯格的理论在研究和实践中产生了广泛的影响，使道德推理和个体道德发展成为一个相对独立的心理学研究领域。但他的理论也受到了一些批评。例如，他在研究中仅考察了男孩，而男性和女性在道德判断上存在性别差异，男性更倾向"维护公平"，而女性更倾向"关怀他人"。因此他的研究结论可能更适合男性的"理性"特征，而忽视了女性所具有的"同理心"特征。另外，道德判断受到社会习俗和所在文化的影响，他的理论似乎低估了习俗和文化的作用。有研究者提出，在社会文化中道德和习俗是两个不同的领域，应该对其进行明确的区分（Elliot Turiel，1983）。另外，在柯尔伯格最初的理论中，道德发展顺序是从低到高单向发展的，但是研究者发现，在青少年晚期和成年初期，个体的道德发展表现出从阶段4的习俗道德向早期的前习俗水平退行的趋向。

有 用 的 知 识 增 加 了

· ·

什么是"社会时钟"？

· ·

个体的社会性不仅表现在依恋和道德方面，还包括社会交往、发展友谊和爱情、建立家庭、承担社会角色等方面。另外，人的社会性发展与其参加各种活动、经历各种事件分不开。青春期过后，人生中具有里程牌式的大事会接踵而来，包括完成学业、求职、就业、恋爱、结婚、生子、升职等。研究者指出，每个人的心中都有一个"时钟"，用来记录自己这些里程碑事件的发生时刻，称为"社会时钟"（social clock）。通过和其他人的社会时钟进行对比，就可以知道自己是否在适当的时间完成了这些人生中的大事。一般来说，社会和文化对这些事件应该发生在哪个年龄段都有一定的期待。例如，在 20 多岁完成学业，23~35 岁结婚生子，40 岁左右升为公司或单位的中层等。因此，每个人的社会时钟最终是由文化决定的。

· ·

彭聃龄 教授

丁国盛 教授

使用电子产品会不会影响大脑发育？

电子产品和互联网的发展，对青少年的大脑发育会不会造成生理上的负面影响？现在的年轻人越来越倾向于通过网络、电话沟通，很多时候宁愿打字聊天，也不愿意接电话。这种现象是进步还是退化？心理学家怎么看？

丁老师说

就这个问题，我特意请教了研究网络成瘾问题的同事。他的核心观点是，大家在经验上会觉得有可能对大脑的生理方面产生影响，但这是很难确定的。越是做专业研究的人，对问题的回答越趋向保守。他认为相较于生理上的影响，对心理的负面影响反而有更多数据库的相关资料、证据支持，认为其与电子产品和互联网的使用有关联，所以就目前的证据来说，对心理或者行为的影响可能更大。

但相关证据也不是完全基于严谨的实验研究得出的结论，更多的是基于大的数据库对不同方面数据关联性进行分析得出的结论。比如说"网络春运"，对网络使用的时间有一个度量，即每天上网多长时间（1小时、2小时、3小时、4小时），然后再来分析不同尺度的量和某些方面，比如心理健康水平、幸福感、焦虑、抑郁等指标的关联性。

研究发现每天上网超过2~3小时之后，人会在心理健康和幸福感方面有急剧的恶化，也就是说他的健康水平会下降，幸福感也下降，焦虑水平、抑郁水平会上升，会有这样一个比较大的变化。一般2~3小时是一条线，超过了这条线就比较危险。但这只是一个数据的分析，究竟是不是因为上网带来了这方面的问题，这就很复杂了。也可能恰恰是反过来的情况，因为他本身的健康水平、幸福感不高，焦虑水平高，所以他才会寻求在网上的逃避行为，或者是在网上去寻求一种情绪的满足等。

家长特别担心孩子对手机、互联网的沉迷、成瘾问题。确实，我在生活中也遇到有的孩子，如果不打游戏、不上网，就像吸毒的人突然戒断了一样，浑身无力，无精打采，对什么都提不起兴趣。所以家长的这种担心也是真实的，也有这样的数据支持，但是背后的原因、上网时间与心理健康水平之间的因果关系还不太容易确定。

现在的很多年轻人更倾向于在网上聊天，不打电话，不面对面，甚至两个人就住在隔壁，交流也是通过网上来完成，这样的现象是进步，还是退步？

其实进步和退步只是一个标签，在给事物加标签的时候，就有了立场、判断。实际上更值得我们思考的是这些现象背后的原因是什么？

网络其实提供了一种手段，让人能更便捷地获取信息，也能更方便地和陌生的人交流，也就是说人的交往面得到了扩展。所以在某种程度上说，网络并没有将人封闭起来，与现实脱离，它实际上是对生活的一种拓展。从正面的角度看网络的作用和特点，更多的是满足人的高层次需求，比如说情感的需求、精神层面的需求。像吃、喝、拉、撒、睡这样的基本需求还是在现实中完成的。

所以网络的普及，伴随人的整体物质生活水平的提升，这其实有一种内在的、观念性的、从基本需求转向情感和精神需求的变化。很多人在网上花了很多的时间，是因为有了一个途径能实现精神层面的需求，这是一个好事。但是好事走向极端，就成了问题。

所谓的网络成瘾，和很多因素都有关联。这个关联其实挺复杂的。一方面，容易成瘾的人即使没有网络，在生活中也可能遇到自我管理等类似的问题，只是有了网络之后，这个问题更加凸显了。所以不一定是网络使其成瘾了，可能是其自身本来就有相应的问题。

另一方面，网络增加了原有问题发生的可能性。如果一个潜在的吸毒成瘾者根本就接触不到毒品，他也就没有了成瘾的基础。互联网可能也是这样，如果没有接触互联网，也许问题不会一下子就表现得那么突出，所以互联网似乎起了这样的作用——让个体的这种特质有了走向极端的机会。所以网络成瘾是一种交互作用、相互影响造成的现象。

早在 20 世纪五六十年代，电视媒体进入千家万户，成为欧美国家喜闻乐见的信息来源之时，就有人担心它对教育和人们日常生活的冲击。美国心理学家调查了电视对儿童阅读和数学成绩的消极影响，发现每天都看电视的儿童，他们的阅读和数学成绩与看电视的时间呈负相关——看电视越多的儿童，他们的成绩越差。

. . . . . .

彭老师说

. . . . . .

时隔半个多世纪，随着手机、计算机和网络技术的发展，电视媒体黯然失色。新媒体极大地扩展了人的生存空间，增加了人与人之间交往的可能性，使人能知道数千里外发生的事情，相隔万里处理事务，开阔了人的眼界，使人在有些方面变得"聪明"起来。人们参与社会管理的可能性也大大提高了。

科学技术是社会进步的重要推动力量。一种新的技术能够被人接受，总有它存在的理由，这是不以个人的意志为转移的。但也有伴随而来的危害。

据我的观察，目前看到的危害至少有：

（1）损害视力，眼科疾病如近视、花眼等患病人数增长很快；

（2）影响了年轻人的正常发育，整天埋头看手机，影响了正常的学习和生活；

（3）造成阅读的碎片化，从而造成了知识的碎片化，人们缺乏系统性的阅读，对很多问题缺乏深刻理解；

（4）在扩大人际交往的同时，也极大地影响了朋友和亲人的交往，每人都埋头刷自己的手机，影响了亲情的密切沟通，"很多时候宁愿打字聊天，也不愿意接电话"也是社交时遇到的一种现象，这也可能是为了躲避直接沟通时的某种尴尬，谈不上进步和退步的问题；

（5）满足了人们的表现欲和创作欲，如跳舞、唱歌、展现个人的才貌、述说个人的经历、推销商品等。但网络上很多节目质量不高，有低俗化倾向，也使人们欣赏艺术的能力下降；

（6）由于自媒体数量众多，在许多重要问题上，人云亦云、莫衷一是，这增加了人们辨别的难度。在这种情况下，培养独立自主的审辩思维就显得特别重要。

如何扩大积极的影响，缩小和避免消极的影响，未来的心理学家是可以有所作为的。

至于网络成瘾，这既与环境有关，也与人的个性特点有关。丁老师谈到有些人易成为瘾君子，有人比较难，这使我想到成瘾行为可能和个性有关系。例如场依存型的人比场独立型的人成为瘾君子的可能性更大一些。不知道有没有人在进行这方面的研究。

一生的旅程

34

人生的 8 个冲突与解决

个体的人格发展是一个复杂的过程。埃里克森把个体人格发展分为 8 个阶段，每个阶段都有其**特定的发展任务**，同时也都会面临**特定的心理社会危机或心理冲突**。危机的解决，既有积极的解决办法，也有消极的解决办法。积极的解决办法可以带来积极的结果，增强自我的力量，从而形成某种良好的自我品格；而消极的解决办法则削弱了自我，阻碍了顺应能力的形成。在某个阶段中解决危机的积极办法有助于积极解决下一个阶段的危机。如果这个危机没有解决好，儿童就会产生各种各样的心理健康问题，诱发各种各样的心理疾病。

阶段 1. 婴儿期（0～2 岁）：信任 V.S. 不信任

这一阶段的基本危机是形成信任和不信任的心理冲突。婴儿不具有独立生存的能力，完全依赖父母。当婴儿哭或饿时，如果父母能够及时出现和回应，则容易建立起基本的信任感。基本信任感的建立，有助于在人格中形成"**希望**"这一品质，并增强自我的力量。埃里克森认为希望是"对自己的愿望是否能够实现的持久信念，反抗黑暗势力、标志生命诞生的怒吼"。具有信任感的儿童敢于希望，富于理想，对未来有明确的目标；反之则不敢希望，经常担忧自己的需要得不到满足。

阶段 2. 儿童期（2～4 岁）：自主 V.S. 害羞、怀疑

这一阶段的儿童已经学会独立行走和活动，并能用语言表达自己的想法。他们开始有自己的"**意志**"，可以自己决定想做什么和不做什么。这时父母的想法与儿童的"意志"之间会发生激烈的冲突。一方面父母需要规范和控制儿童的行为，使之符合社会规范和要求，养成良好的习惯；另一方面儿童开始有自己做主的意识和倾向，坚持自己的行为方式，会反复说"不"来反抗父母的控制。父母既不能听之任之、放任自流，这不利于儿童良好习惯的建立，也不能过于严厉，伤害儿童的自主感和自我控制能力。如果父母对儿童的态度和处理不当，儿童会形成怀疑和害羞的性格特点。

阶段 3. 学龄初期（4～7 岁）：主动 V.S. 内疚

这一阶段的儿童，对环境和自身充满了**好奇**，表现出主动探究的行为。如果这些行为受到鼓励，儿童会形成主动的品质，并逐渐形成和敢于追求自己的人生目的。如果成人对幼儿的独创行为和想象力报以讥笑和嘲弄，儿童会逐渐失去自信和主动探究的意愿，倾向于过一种常规的或由别人来安排的生活，缺乏开创自己人生道路的主动性。

阶段 4. 学龄期（7～12 岁）：勤勉 V.S. 自卑

这一阶段的儿童已经入学，开始接受正规的学校教育。学校训练儿童掌握知识、学习技能以便将来适应社会生活。在学习过程中，如果他们能通过自己的努力顺利完成课程目标，他们会获得**勤勉**的人格特征，并在今后的独立生活和承担的工作任务中对自己充满信心。反之，则会产生自卑感。当儿童的勤勉的特征胜过自卑感时，他们就会获得有"能力"的品质。

阶段 5. 青春期（12～18 岁）：自我同一性 V.S. 角色混乱

青春期是个体发展非常关键的时期，个体开始重新思考自己是谁，并逐渐形成相对稳定的世界观、人生观和价值观。这一阶段的发展任务是"自我同一性"的建立。所谓"自我同一性"，指个体尝试着把与自己有关的各方面结合起来，形成一个协调一致、独具一格的统一的"**自我**"，即把个体的需要、情感、能力、目标、价值观等特质整合为统一的框架，形成一致的情感与态度、贯通的需要和能力、稳定的目标和信仰。自我同一性的确立意味着个体对自身有较为充分的了解，能够把自己的过去、现在和将来组合成一个有机的整体，形成自己的理想与价值观，并思考自己的未来发展。

埃里克森把同一性危机理论用于解释青少年对社会不满和犯罪等社会问题。他说，如果一个儿童感到他所处的环境剥夺了他在未来发展中获得自我同一性的种种可能，他就会以令人吃惊的力量激烈地反抗社会，表现为敌对、破坏或犯罪行为。

阶段 6. 成年早期（18~25 岁）：亲密 V.S. 孤独

这一阶段的发展任务是恋爱和建立家庭。爱情的发生，是把自己的同一性与他人的同一性融合为一体的过程。因此，具有牢固的自我同一性的青年人才能顺利地在恋爱中建立真正亲密无间的关系，从而获得**亲密感**，否则将产生孤独感。

阶段 7. 成年期（25~50 岁）：生育 V.S. 停滞

这一阶段的发展任务是**繁衍和养育**后代。当一个人顺利地建立家庭，建立了亲密关系，以后的岁月中将生儿育女，过上幸福充实的生活。这一阶段，人们不仅要生育孩子，同时要承担社会工作，是个体对下一代的关心和创造力最旺盛的时期，可以获得关心和创造力的品质。不过，一个人即使没生育自己孩子，也可能关心别人的孩子和下一代的成长。危机解决不好将陷入贫乏和停滞，只关注自己的需要和利益，不关心他人和儿童。

阶段 8. 成熟期（50 岁以上）：自我统合 V.S. 绝望

随着年龄增加和身体机能的衰退，人们逐渐意识到死亡的接近。这就到了埃里克森的发展理论中的最后一个阶段——自我统合与绝望的对立阶段。人们会倾向于回首往事，如果觉得自己的人生有价值，没有多少遗憾，就比较容易实现良好的自我统合。否则，如果觉得自己虚度年华，毫无成就，就可能产生绝望感。

与弗洛伊德强调童年经验不同，埃里克森认为个体发展并不终止于童年或青春期，而是毕生发展的过程，并创造性地提出和研究了"个体同一性"发展及各个发展阶段的心理—社会危机现象。他的理论在发展心理学及教育领域产生了广泛而深远的影响，但也存在不少争议。例如，关于每一年龄阶段是否仅发展一种人格品质，这些品质的发展是否必须严格遵循先后次序，即一种品质的发展是否需要等另一种品质完成后才能开始等。

在埃里克森的"危机"理论的影响下，莱文森进行了"中年危机"的研究。他认为，人们在 40~45 岁进入了一个转变和危机的时期，这时他们能清楚地感觉到身体正在发生的变化，包括体力下降、白发增多、视力和听力下降、患病概率增加等，这些变化说明个体进入了衰老过程。这时个体也开始意识到生命的有限性，质疑本来所持有的生活观念和价值观，因而需要重新调整自己的生活目标。这期间的个体还伴随着剧烈的情绪或心情波动，是一个充满质疑和骚动的痛苦时期，莱文森称之为"中年危机"。不过也有研究发现，很多中年人并没有经历明显的"中年危机"，反而在中年阶段更能享受生活的充实感和体验生命的意义。

在人的有限生命中，没有人能发展自己所有的潜能、实现所有的愿望、体验到生命所能给予的一切经验。但是，每个人都可以通过不断努力，在人类发展历史上留下自己的足迹。

35

为什么要活到老、学到老？

与个体毕生发展相对应，研究者提出了"终身学习"的口号。终身学习意味着学习贯穿于从生命开始到结束的全过程，而不只是儿童与青少年在学校内的学习。每个人在人生的不同阶段承担不同的社会角色，有不同的社会发展任务，包括职业转换、升迁、失业等问题，而个性、潜能、心理状态和境界也会随着年龄的增长发生变化。同时，人生活在动态的社会环境中。个体要适应社会变化，与社会在动态中达到平衡，学习也需要贯穿于人一生的全过程。

人脑的可塑性和学习能力可以终生保持，但在不同的年龄阶段，脑的可塑性和适合接受的学习内容有所不同。例如，对哲学问题的深入理解、学习和思考，中老年人比年轻人更有优势。古希腊哲学家柏拉图曾建议，人应该到 30 岁以后开始学习哲学，50 岁以后再进行哲学研究。韦恩·丹尼斯（Wayne Dennis，1966）以 10 年为一个阶段，调查了不同专业的人员在 20 岁以后各年龄阶段作品产出的情况，发现文学和音乐的高产期是 40~49 岁，神学是 40~59 岁，小说的高产期是 50~59 岁，而历史和哲学的高产期是 60~69 岁。这表明人脑的创造能力不但有年龄特点，而且在老年后仍可继续保持。

退休后，老年人有充分的闲暇时间，可以自由选择自己最爱做的事情，实现年轻时未能实现的梦想。近年来，"老年大学"的数量在中国有很大增长。采用适合老年人认知特点的教学方式，可以帮助他们学习新的知识和技能，如计算机打字、书法、绘画和刺绣等。"活到老、学到老"，不仅能用有益的活动填补老年人退休后的"无聊"和"空虚"，增加老年人的人际交往，同时也能使他们的智力活动继续得到锻炼，防止智力的退化。

有 用 的 知 识 增 加 了

怀旧有助于抗衰？

研究表明，人的衰老并不是一个单纯的生理过程，也有来自社会的影响和自我的暗示作用。哈佛大学心理学家艾伦·朗格（Ellen Langer，1979）教授曾做过一个有趣的实验。她邀请了 16 位年龄都在七八十岁的老人来参与研究，这些老人大都老态龙钟、步履蹒跚，需要家人陪同。研究者让老人们在一个特别创设的环境里生活一星期。这个环境模拟了 20 年前，即 1959 年的社会时代背景和生活方式，这些老人在这期间所接触的音乐、报纸杂志、电影和戏剧，以及讨论的话题等都属于 20 世纪 50 年代。这些老人被分为两组，8 人一组。其中一组老人（实验组）忘掉自己的实际年龄，想象自己真的生活在 1959 年，言行举止也尽可能像 20 年前一样；另一组老人（对照组）则不做这样的要求，而是采用怀旧的方式谈论和回忆 1959 年发生的事情。实验结束后，两组老人的身体情况都有了明显的改善。他们的视力、听力和记忆力都有明显提高，血压降低了，步态和体力都有明显变化。而实验组老人的变化更为惊人，与对照组老人相比，他们的手脚变得更为敏捷、关节的柔韧性更强，智力测试的得分也更高，有几个老人甚至玩起了橄榄球。这些老人为什么会有这么大的变化呢？朗格教授认为，这是因为他们在心理上相信自己年轻了 20 岁，于是身体做出了相应的调整。她进一步认为，"衰老是一个被灌输的概念"，老年人的虚弱、无助、多病，与来自社会或自我的心理暗示或思维定式有关，不一定是必然的生理过程。

彭聃龄 教授　　丁国盛 教授

心理学如何理解和解决老龄化问题?

老龄化是现在一个很热门的话题和社会问题,对这个问题心理学可以做些什么?

丁老师说

对于老龄化社会的到来,心理学可以做什么?

一方面,老年人的心理健康,实际上是心理学一直在关注的领域。

因为老年人会遇到很多问题。比如说,"空巢期"——孩子成家,离开了父母——既需要心理上的适应,又因为年龄的原因,身体可能会遇到很多困扰,也容易有情绪上的变化。老年人群体里的孤独、抑郁等心理问题还挺多的。

心理学在这方面可以做很多工作，包括关注老年人的心理健康程度是怎样的水平，会出现什么样的问题，在调查的基础上，怎么去解决这方面的问题；或者如何帮助老年人进行心理健康方面的评估、咨询。

另一方面，心理学也关注老年人认知老化的问题。随着年龄的增长，听力、视力都比较容易出现老化问题；记忆比较容易受到认知方面的影响，现在叫作认知老化，比如老年痴呆等问题。

如何针对这些问题进行预判或者预测，进行提前的干预，避免老年人出现这种情况？心理学方面也有很多研究，可以基于这个问题做很多工作。北京师范大学有一些教授和研究团队针对老年人问题开展相关工作，包括老年人心理健康、认知老化、认知能力下降的预判等，这些工作都很有意义。

· ·

按照国际标准，当一个社会的高龄老人的人数占社会总人口的比例高于 7%～10% 时，社会就步入了老龄化社会。由于高龄老人失去或相对失去了劳动能力，需要社会供养，因此给年轻人增加了负担，也影响到社会的发展和进步。

彭老师说

日本是世界上老龄化首屈一指的国家。现在 65 岁以上高龄老人占日本人口总数的 29.1%，高出第二位意大利 5%。中国的老龄化也比较严重，2022 年人口普查表明，65 岁以上老年人占人口总数的 13.5%，老龄化已成为中国的基本国情，因此也成了

一个热门话题。

高龄老人是人的发展中的一个特殊阶段，问题很复杂，主要有：①如何适应老年人的生活；②如何适应身体逐渐衰退和器官逐渐老化；③丧偶和由此带来的孤独和寂寞问题；④空巢家庭，子女及其对老人的供养问题；⑤面对死亡的问题等。丁老师已就相关问题做了介绍，我没有什么可以补充的了。

我觉得老年人最关心的是身体健康，这方面我想讲点个人的体会。

要把自己的命运掌握在自己手上。人上了年纪后，健康情况下降，自主能力也开始下降，许多事情不得不依靠年轻人去做。但应该注意的是，在可能情况下，要把健康的权力掌握在自己手中。自己最了解自己，自己没有了主意，别人说什么就是什么，这很不好。

既要关心身体健康，也要关心心理健康。在健康问题上，我相信身心交互作用。人生病的情况不同，有时以身体为主，有时以心理为主，但在很多情况下，是身体和心理交互作用的结果。老人容易失眠，这和老年人脑的兴奋水平有关，但也和他们的生活习惯有关，例如这些年过多使用手机是造成有些老人失眠的重要原因。不戒掉这种毛病，失眠很难恢复。有人得了肿瘤，这是细胞变异的结果，但究其原因也和长期的某种不良生活习惯和嗜好有关。因此，保持平和的心态，遇事泰然处之，不急不躁，对维持老年人的身体健康至关重要。

要注意脑的保健。脑是支配和调节身体各部分功能的重要器官，老年人的机能衰退最值得关心的是脑的衰退。这个道理很好懂，但做起来并不容易。脑的保健是要适当使用脑，要处理好"使用"和"保护"的关系。心理学的许多研究发现，适当使用脑是保持脑健康水平的重要条件。比如，养成阅读习惯、收听新闻节目、写日记、和朋友聊天等。这些事情有的我做得不好，但有的坚持了。从 2005 年以来，我一直坚持写日记，17 年间很少中断。原来我喜欢和学生聊天，聊天后尽量回忆并记下聊天的内容，后来因为听力下降，交流能力减退了，只好和子女聊天，这对维持我的记忆能力是有帮助的。

要避免过度治疗。人老以后，许多病都找上门来了。"有病要及时就医"，这是人们经常用来劝告朋友的话。但是，千万不可过度治疗。现在的医疗技术发达，发现的病越来越多。在 CT、核磁和 X 光透视面前，许多细小的毛病也可能被发现。以我自己为例，在貌似健康的身体背后，实际上有很多病。10 多年前，我身上就发现了脑梗，以后又发现了肺部、脑部、呼吸道、肾脏、视力、听力、皮肤等问题，可以说从内到外都是毛病。医生有过许多建议，如手术、活检、服药等，许多都被我拒绝了。我觉得人到 80 多岁高龄后，身体似乎有一段相对稳定的时期，要相信自己的自愈能力，不要轻易接受外科手术。心想自己能活到 80 多岁，已经不错了，世界上 90% 的人都活不到这个年龄。有了这种"不怕死"的心理准备，一切都可以泰然处之，身体可能反而会好起来。当然，这些都是我的个人经验，每个人都可以有不同的意见和选择。

睡眠是许多疾病自愈的保障。睡眠的功能有许多，但个人认为，高龄老人保证较充足的睡眠时间，是许多疾病自愈的重要条件。自愈是通过自身的免疫功能实现的，骨骼、肌肉、内脏的许多功能都能通过自身的免疫功能得到治疗，在某种意义上，甚至强于服药。许多研究发现，正常人的睡眠时间为 7 小时左右，但我觉得，对高龄老人来说，适当延长睡眠时间（9 小时左右）是必要的。

衰老有时是自己或别人强加在自己头上的。人上年纪后，总是要逐渐衰老的，这是自然过程，但这个过程也受到社会环境的影响，比如退休，本来是人在老年以后的一种需要，但有人把它看成了衰老的标志，总觉得自己退下来后这也不行了，那也不行了。退休后，别人也会认为，这个事不能找他，那件事也不能找他，逐渐就被人疏远了。这样做往往会使人变得衰老。人的骨骼自然要老化，但有人以为骨骼老了，就不愿动了，这也会加强老化的过程。抗老化的重点要放在"抗"字上，要适当有点压力才行。但"抗"的边界在哪里？现在我还心中无数。

不要忽视吃的重要性。人老以后，身体消耗减少，肠胃功能下降，不免引起食欲减退，但仍不可忽视"吃"。可以说人的健康在某种意义上，依赖于吃得健康。人上年纪后，需要补充较多的蛋白质，因为蛋白质是建构许多身体组织所需要的养分。我见到有些高龄老人常常因为营养不良而生病，营养改善了，身体也就有所康复。

坚持适当锻炼，为祖国健康工作 50 年。我从小就身体不好，比较瘦弱，懂事以后注意锻炼。记得上大学时，班上的同学曾立志要健康工作 50 年，那是在 20 世纪 50 年代中期。到退休时，我工作了 53 年。锻炼贵在坚持，退休后，锻炼有所放松，但一直不敢停止。特别是腿部肌肉的锻炼，这对维持老年健康也很重要。

第五编

如何在群体中更好地生活

心理学能让我成为万人迷吗？

Q

A

恐怕不行。

如何与他人相处

36

服从权威还是听从良知？

　　1961 年心理学家米尔格拉姆（Stanley Milgram）曾做过一个著名的"服从权威"的实验。实验目的是测试普通人在多大程度上能够抵制权威者下达的违背良心的命令，其实验背景是对纳粹分子阿道夫·艾希曼的审判。艾希曼是第二次世界大战期间犹太人大屠杀中执行"最终方案"的主要负责人，面对犯罪的指控，他均以"一切都是依命令行事"来回答。米尔格拉姆想通过实验来回答，那些参与大屠杀的纳粹追随者是否只是单纯地服从上级的命令而做出了违背良知的行为。

　　课题组从社会上招募了一组被试，年龄从 20 岁至 50 岁不等，教育背景从小学毕业至博士学位不等。被试被告知这是一项关于"体罚对于学习行为的效用"的实验，被试的身份是"老师"，负责教导坐在隔壁房间的"学生"（由实验助手担任）。他们互相看不到对方，但可以通过声音互相沟通。"老师"先朗读一些随机配对的单词，之后对"学生"进行测试，测试内容是在"老师"说出一个单词后，"学生"从四个选项中选出一个正确配对的单词，并按键回答。如果答对了，就继续测其他单词；如果答错了，"老师"要对"学生"施以电击，每增加一个错误，电压会增加15伏。

被试在施加电击时，会听到隔壁学生的嚎叫声。随着电压的增加，其叫声会变得更加凄惨，因此被试会认为"学生"真的被电击了。其实这只是播放的"学生"录音，而不是真实的嚎叫声。当电压达到150伏时，"学生"会开始敲打墙壁，并声称他患有心脏疾病，要退出实验。这时绝大多数被试都表示希望暂停实验以检查"学生"的状况。这时研究者会要求他们继续进行实验，并声称他们无须承担任何责任，在得到了这样的说明后，许多被试会继续实验。当电压提升到300伏后，"学生"拒绝回答问题；超过330伏后，他们会变得沉默，停止嚎叫和做出其他反应。这时研究者继续要求被试进行电击。如果被试想中途停止，研究者会要求他们继续进行，在四次要求后，如果参与者仍然坚持要退出，实验才停止下来。否则，电压将持续升高至450伏，并在被试连续三次提出要求后才让停下来。

实验前，米尔格拉姆请他的学生和同事（也是心理学家）来预测实验的结果，这些人都认为只有很少的人会把电压持续到最大的伏特数。但结果发现，在第一次实验中，65%（40人中有26人）的被试持续到了最大450伏的惩罚，尽管每个人在实验过程中都会要求暂停，并质疑这项实验，但在到达300伏之前，没有人坚持停止。随后米尔格拉姆和他的同事在同类实验中，也得到了类似的结果。一项元分析的结果显示，最终施加最大电压的被试人数比例为61%~66%。这项实验说明，在特定情境中，人们极有可能做出顺从权威而违背良知的事情。这在一定程度上可以解释为什么一个看上去心智正常的人在战争中会变成杀人机器。当然，这并不意味着，像艾希曼这样的大屠杀执行者无须承担罪责。与服从命令相比，人更应该听从自己的良知。该实验中，近40%的被试拒绝执行命令，也从另一个角度说明了这个问题。

柏林墙倒塌后，柏林法院审判了数名前东德的守卫，其中一名守卫在两年前射杀了一名试图翻越柏林墙的年轻人，被判3年半监禁。尽管该守卫辩称自己只是服从命令而已，法官指出："你明知逃亡的人是无辜的而杀他，就是有罪。作为警察，不执行上级命令是有罪的，但是打不准是无罪的。作为一个心智健全的人，此时此刻，你有把枪口抬高一厘米的权力，这是你应主动承担的良心义务。"

37

我们如何了解群体中的自己？

　　一个人如何知道自己聪明还是不聪明？一种常见的方式是通过与周围的人进行比较，在比较中确定自己的聪明程度。美国社会心理学家费斯廷格（Leon Festinger，1954）把这种现象称为**社会比较**（social comparison）。

　　根据费斯廷格的相似性假说，在缺乏直接、客观的测量手段时，个体会倾向与自己能力和观点相似的人进行比较，来了解自己的观点和能力，这是一种**平行比较**的方法。如果对方是陌生人，即使他比自己出色，通常不会有负面的情绪反应，这叫**上行比较**；如果对方是自己的同班同学，就可能产生嫉妒、敌意、挫折等消极的情感体验，这种叫**下行比较**。在人际比较中，如果对方是陌生人或同班同学，我们发现对方不如自己，通常会产生积极的情绪反应，并能提升自尊；如果对方是非常亲近的家庭成员或好朋友，我们发现对方的表现很差，则会产生消极情绪，并降低自尊。

我们的生活充满了社会比较。别人迟钝会使人觉得自己聪敏，别人散漫会使人觉得自己勤奋。有些人把个人收入视作一种社会谋生能力的指标，热衷于将别人的收入和自己的收入做对比。有些人则关注别人对某些社会事件的态度，以衡量自己的态度和价值观。正是在各种社会比较中，一个人逐渐形成了**对自我的认识**。

自我认识的形成不仅来自社会比较，也来自自身成功和失败的经历；一个人如果每次考试都名列前茅，他就会认为自己的学习能力强，并产生自信的品质；相反，如果考试总是不及格，他则会认为自己的学习能力差，时间长了会产生自卑心理。

研究表明，成功能够增强自尊，并提高对未来的期待和产生更积极的生活态度；失败则会降低自尊，并带来很多个体适应方面的问题。然而在现实生活中，任何人都不可能只有成功或失败，因此需要调整对成功和失败的态度。当一个人满怀勇气地面对失败时，失败就可能变为培育成功的肥沃土壤。

社会认同也是认识自我的一种途径。社会认同即个体意识到自己在一定社会范畴中与一些人"同一"或类似，而与另一些人存在差异。社会认同也可以体现在国家认同、民族认同、文化认同、性别认同等方面。

当人们将自己界定为某个或某些群体的成员时，他们也会对该群体做出积极的评价。进而，在与其他群体的比较中，积极的社会认同使得本群体成员更加偏好自己所属的群体，更加积极地看待自己所属的群体。例如，当中国运动员赢得比赛时，作为中国人，我们会认为是"我们"赢得了比赛；当五星红旗在奥运赛场升起时，我们会感到自豪和激动。

有 用 的 知 识 增 加 了

你真的了解你自己吗？

人们通常会认为，自己最了解自己。但事实上，人们对自己的认识并不准确。例如，人们常常高估外界对自己的关注。心理学家基洛维奇做过一个实验，他让康奈尔大学的一名学生穿上某名牌 T 恤，走进教室。该学生估计会有 50% 的同学注意到他的 T 恤，但结果表明只有 23% 的人注意到了。这说明，我们总认为别人会对自己倍加注意，但实际并非如此。这种现象在心理学上被称为**"焦点效应"**。

这种以自我为中心的特征也影响个体对很多事情的判断。比如在一对情侣或配偶分手时，个体会倾向于把过错或责任推到对方身上。而科学家们在合作中取得成绩或突破时，会倾向于强调或高估自己在其中发挥的作用和重要性。例如，1923 年班廷（Frederick Banting）和麦克劳德（John Macleod）获得了诺贝尔生理学或医学奖。在获奖后，班廷声称作为实验室领导人的麦克劳德在研究中的作用更多是阻碍而非帮助，而麦克劳德在一次演讲中谈到相关研究时，干脆删去了班廷的名字。

记忆的"自我参照效应"也是另一例证。该效应显示，当记忆材料与自我相联系时，记忆效果更好。例如，给个体呈现一个词"慷慨"，并让其判断能否用这个词来描述自己（自我参照）或他人（他人参照）。在稍后的回忆测试中，研究人员发现，个体对用于描述自己的词比不能描述自己的词的记忆效果更好。

38

如何给人留下良好印象？

在人际交往中，从对方的谈吐、行为举止，到他的兴趣、爱好、态度、个性特征等，我们形成了关于对方的整体印象，这个过程称为**印象形成**。印象形成会受到个体心理状态和信息加工过程的影响，从而表现出各种人际知觉效应。

1. 首因效应（第一印象效应）

第一印象也称初次印象。心理学研究发现，如果与一个人初次会面，45 秒内就能产生第一印象。主要获得的信息包括：对方的性别、年龄、长相、表情、姿态、身材、衣着打扮等方面，我们可以据此判断对方的内在素养和个性特征。

交往双方形成的第一印象通常是鲜明而牢固的，对日后的交往有非常重要的影响。如果一个人在初次见面时给对方留下良好的印象，那么对方就愿意和他接近，彼此也能较快地取得理解和信任，并会影响对对方以后一系列行为和表现的解释。反之，对于一个初次见面就引起对方反感的人，他很难引发对方进一步交往的热情。即使不得不接触，也会比较冷淡。

2. 光环效应

又称"晕轮效应"，所谓"一美遮百丑""爱屋及乌"，说的就是光环效应。"明星效应"也是一种典型的光环效应。当喜欢一个歌星或影星时，你会觉得他/她身上全是优点，没有缺点，不但会模仿他（她）的喜好和生活习惯，也愿意购买他/她代言的品牌商品。恋人之间也经常出现光环效应，恋爱中的人会觉得对方身上满是优点，缺点也被优点掩盖了。光环效应说明，人们在人际知觉中容易犯"以点概面"或"以偏概全"的错误。

3. 刻板印象

又称"定型效应"。很多人觉得北京人大气、上海人精明、山东人实在等，这些就是典型的刻板印象。

刻板印象对社会信息加工有很大影响，既有积极的方面，也有消极的方面。积极的方面是可以简化社会认知过程，迅速进行判断和得出结论，节省时间和精力，因而有利于人们在复杂环境中快速做出判断和反应。消极的方面是在认知别人时忽视了个体差异，导致误解或判断错误，妨碍对他人做出客观的评价。

4. 投射效应

投射效应是指个体倾向于把自己的特性投射到其他人身上，推己及人，假设对方与自己有相同的倾向和特点。比如，一个心地善良的人会认为别人都是善良的；一个经常算计别人的人会认为别人也在算计他。

5. 定势效应

心理学家曾做过这样一个实验：向两组大学生出示同一个人的照片。在出示之前，对第一组被试说，照片上的人是一个十恶不赦的罪犯；对另一组说，他是一位大科学家。然后让两组被试用文字描绘照片上人的相貌特征。结果第一组被试的回答是：深陷的双眼证明他内心的仇恨，突出的下巴证明他将沿着犯罪的道路走到底的执迷不悟等；第二组被试的评价是：深陷的双眼表明他思想的深度，突出的下巴表明他在求知的道路上克服困难的意志力等。这个实验说明，当对人形成了一定的印象或态度后，个体会倾向于用相同的方式去解释新的信息，从而对人际知觉产生重要影响。这种现象被称为人际知觉的定势效应。

在《列子·说符》中记载了这样一则故事："人有亡斧者，意其邻之子。视其行步，窃斧也；颜色，窃斧也；言语，窃斧也；动作态度，无为而不窃斧也。俄而，掘于谷而得其斧。他日复见其邻人之子，动作态度无似窃斧者。"一个人丢了把斧头，开始怀疑是邻居的儿子偷的，于是就觉得邻居的儿子走路的样子、脸上的表情、言行举止等都像偷斧头的贼。等找到斧头后，他再看邻居的儿子，就觉得其言行举止没有一点像偷斧头的贼了。这就是一种典型的定势效应。

人们不但在人际知觉中建立和形成对他人的印象，也试图控制自己在别人心目中的形象或印象，这一过程被称为**印象管理**，或印象整饰。通过印象管理，人们希望自己能给别人留下一个好印象，得到对方的认可和肯定，建立良好的交往和互动关系。在一些重要的社交场合中，例如国家元首会面、求职者参加招聘面试或公司新任主管就职等，当事人会做充分的准备，包括精心选择着装、反复斟酌自己的言词表达，以展现自己的最佳形象，并根据具体的场合和对象的特点做出适当调整，以得到对方的接纳与认可。生活中人们会有意无意地使用各种印象管理策略，那么常见的策略有哪些呢？

1. 赞同和赞美他人

通过赞同和赞美他人，使对方喜欢或信任自己。这一策略之所以有效，是因为"人类的本性如此，他们接受赞美，想从别人那里得到对自己意见的认同，喜欢那些喜欢自己的人。"（Odom，1993）

心理学家卡耐基（Dale Carnegie，1973）总结了6条能给人留下良好印象的途径，包括：①真诚地显示对对方的兴趣；②面带微笑；③多提对方的名字；④做一个耐心的倾听者，鼓励对方谈他自己；⑤谈对方感兴趣的话题；⑥以真诚的方式让他人感到他很重要。

社会心理学家艾根（Egan，1977）则提出了 5 条具体建议：①坐或站立时要面对对方；②心态和姿势要自然开放；③身体微微前倾；④目光接触；⑤保持放松。这 5 条建议要表达的意思是："我很尊重你，对你很有兴趣，我内心是接纳你的，请随意。"

赞同和赞美他人是一种广泛使用的策略。例如，在微信朋友圈"点赞"。生活中如能以诚待人，在别人取得优异成绩或表现时给予**真诚的**赞美，在**充分尊重**他人的同时，也提出**善意的**建议，通常能收到良好的效果。

2. 自我推销和宣传

通过"美化"自己来取得他人的喜欢和信任，是印象管理的另一种策略。使用这种策略要把握好"度"，否则有哗众取宠之嫌而遭人厌恶。在我们以"谦虚"为传统美德的文化中，在大多数情况下，保持谦虚的心态反而会有更好的效果。

现在很多人喜欢在社交软件，如微信朋友圈、QQ 空间、抖音、微博、小红书等社交媒体上发布各种消息或有关自己的生活动态，就会不自觉地采用自我推销或宣传的策略。最近一项研究显示，受访大学生更倾向于在微信朋友圈中发布比较积极、健康、向上的内容，来进行积极的自我形象管理，同时尽可能地弱化自身的不足，以避免给他人留下消极的印象（辛文娟等，2016）。

3. 扮演弱者

通过展示自己的弱点来影响别人，给人留下需要帮助的印象（Becker & Martin，1995）。这种方法通常可以有效地获得他人的帮助。例如，一个新员工在谦虚地承认自己的工作经验或技能不足，希望得到别人的指点和帮助时，通常就会得到他人的挺身相助。但不要过度使用这一策略，否则会被人看作一个逃避责任的人，产生负面效果。

4. 保持自我形象的一致性

人们在生活中更信任和喜欢言行一致、表里如一的人，远离反复无常、言不由衷的人，因此保持自我形象的一致性非常重要。一个人想要言行一致，不仅要做到"言必信、行必果"，其言语与非言语动作、表情和行为也要匹配。比如，在用语言表达赞美时，同时伴随着目光接触、微笑、点头、身体前倾等动作，会让人感觉更真诚。

印象管理策略只是社会交往中人们可能使用的一些"小伎俩"，从长远看，为了让别人对自己留下好的印象，还必须不断培养和发展自己的综合素质、能力和品格，"日久见人心"，如此才能持久地赢得他人的喜欢和信任。

有 用 的 知 识 增 加 了

人际距离应该保持多远？

　　人类学家霍尔（Edward Hall，1966）把人际距离分为4种：亲密距离、个人距离、社会距离和公众距离。父母与子女之间、恋人或夫妻之间的距离是亲密距离，约45厘米，在这一距离下，可以感觉到对方的体温、气味、呼吸；个人距离指朋友之间的距离，大约是45厘米至1.2米；社会距离是相互认识的人之间的距离，一般是1.2~3.6米，多数交往发生在这个距离内；公众距离指陌生人之间、上下级之间的距离，一般是3.6~4.6米。人际距离与文化、地位、居住环境等多种因素有关。例如，北美人的交际距离一般大于拉美人的交际距离，乡村的交际距离一般大于城市的交际距离。

彭聃龄 教授

丁国盛 教授

如何与难以相处的人沟通？

如何与不好沟通的人相处？如何避免因为害怕冲突而采用回避、退缩的行为？

我没有专门研究过这个领域，所以以下只是个人的一些想法，不能代表心理学的研究。

丁老师说

和难沟通的人如何沟通，我个人觉得可能需要先考虑他为什么难以沟通，这要基于对这个人的了解来分析。是因为这个人太固执？还是说他不太容易理解别人说的话？还是难以与别人产生共情？我想在不同的情况下，对应的策略可能就不一样。

如果是脾气固执，听不进别人的意见，也就是俗话说的"吃软不吃硬"，你越强硬，他越不听，不如换一种方式。中国古人有很多智慧，有一个故事叫《触龙说赵太后》。这个故事主要讲述了战国时期，秦国趁赵国政权交替之机，大举攻赵，并成功占领赵国三座城市。赵国形势危急，向齐国求援。齐国一定要赵太后的小儿子长安君为人质，才肯出兵。赵太后溺爱长安君，执意不肯，致使国家危机益加日深。在这样的危急形势下，触龙因势利导，以柔克刚，用"爱子则为之计深远"的道理，最终说服了赵太后。我觉得这是一个非常经典的案例，它告诉我们应该用什么方式去沟通。

如果对方难以沟通，这可能意味着对方不太容易理解别人说话的潜在含义，那么就需要表达得尽可能更明确，说得更简单易懂，让对方能够很容易地捕捉到你想传递的信息。这是一种对症下药的办法。

还有一种难以沟通的原因可能是对方脾气不好，看不起人，像这种情况，我们可以换一种方式。比如找一个他能听进去意见的人去沟通。对于有的人来说，上级说的话，他都听得挺好，下级说的话他就听不进，因此能不能找到一个人，借他的口沟通，我觉得这也是一种可以考虑的策略。

总之一句话，同一问题也分不同情况。根据对方难以沟通的原因找到对应的途径，根据这样的判断，最终达到沟通的目的。当然我理解这个问题的前提是：提问者还是希望和对方沟通的，如果说提问者都不想沟通，那就是另外一种情况了。

关于第二个问题，我觉得它和第一个问题又不完全一样。这一类人群，更倾向于回避冲突，不希望把和他人的关系搞得很僵，有点儿老好人的感觉。在某些情况下，他为了回避冲突，自己就先退缩了。

　　这就涉及一个人的处事风格和性格的问题，尽管我们可以提供一些建议，但人的性格其实不容易发生大的改变。也就是说在某件事情上的改变相对容易，通过他人鼓励或许能做到，但是如果想改变他的反应模式、应对模式，这就是一个难度很高的挑战了。改变的前提是：他认为自己需要改变。如果自己不想改变，都是靠外界驱动的话，这种改变是不持久的。在自己想改变的基础上，可以使用一些心理咨询技术，如认知行为疗法、情绪疗法等。

　　从认知的角度讲，当遇到类似的场景的时候，可以仔细分析，自己为什么觉得担心？为什么这种认知会给自己带来情绪上的困扰？然后想一想这种情况下最坏的后果又是什么等问题，把这些方面都认识清楚了，很多时候人们就发现原来的一些担心可能就没那么重要了，也没有那么多负面的情绪了，更容易按照一种理性的方式去行动，这是认知疗法的基本的方式。

　　对于情绪来讲，可以通过建立一些场景，有意识地接触令自己担心的事件来调节情绪。简单来说，哪些场景会让人产生一种畏惧的感受，梳理出情绪与场景的关系之后，有意识地让自己去经历这样一些场景，重新建立一些相对正向的情绪反应。

　　很多人之所以会出现焦虑和紧张的情绪，可能是因为之前有过一些不太好的体验或者经历，这些经历就像一个个警报，提醒个体需要小心。如果人们知道了这个特性，就可以使用一种系统脱敏疗法来进行调节。在专业人士的指导下，人可能会经历原本在这样的情境下很紧张，到逐渐发现其实也没什么的过程。以社交焦虑症为例，一开始先接触一两个陌生人，聊一聊，发现也没有想象中那么可怕，然后适当地扩大社交场景，不断地修正自己的情境反应模式。所以，心理咨询和治疗的技术是可以被应用在这一特定问题上的。

彭老师说

沟通是日常生活的一个重要问题，是建构人际关系、形成社会生活的重要纽带。因为我不是专门研究这个问题的人，因此查阅了几本心理学的读物，让我吃惊的是，这些书中竟没有一处专门讨论这个问题。于是我根据自己的经验思考了这个问题，觉得它的内容至少可以包括 5 点：①沟通的意义，包括动物与人类的沟通；②沟通的原则；③沟通的方法；④沟通与脑；⑤沟通障碍。我已无力研究这个问题，只能写出来推荐给别人。

在一般意义上，沟通应该是平等的、平静的、平和的。这是沟通所需要的环境，与不好相处的人沟通，更是这样。

首先，要分析一下为什么"不好沟通"？原因在哪里？沟通的障碍是什么？分析起来，无非有几类。

（1）生理和病理障碍，如听力障碍、言语交流障碍等。如果是这样，态度应该好些，和蔼些，尊重对方，耐心倾听对方的意见。

（2）知识水平的差距。如果你发现对方的知识水平不如你，也同样应该耐心解释，等待对方的回答，不要急于解释，显得自己比他高明。

（3）情感上不协调，应该避免直接冲突。有话慢慢说，尽量发现和对方接近的地方，有时也需要多做自我批评，缩小差距。在家庭生活中，这种情况比较多见。不得已时，吵一次两次，这也难以避免，但应该不让矛盾激化。

（4）价值观的差距。这是长期形成的差距，非一朝一夕能够缩小的。能解释清楚的就解释，解释不清楚的，暂时放下。这种情况在朋友间容易发生。但不是在"万不得已"时，不宜闹得鸡飞狗跳，不可收拾。

沟通中要尽量避免形成对人、对事的偏见。人们在相处时，难免形成某种偏见，即对对方的一种固定的负面意见。这种情况不仅经常出现在种族间、族群间，而且也会出现在与自己的朋友和亲人间。

沟通是保持人际关系的重要手段。如果朋友间长期处于沟通不好的状态中，那就会失去友情；如果亲人间长期沟通不好，那就会丧失亲情。这就是我们要重视沟通的原因。沟通时害怕冲突、回避矛盾，采取退缩态度是不好的。

如何与群体相处

39

为什么人们爱凑热闹、随大流？

在群体中，个体的认知活动不但会表现出不同寻常的特点，其行为和决策也会受到所在群体的影响，如从众现象、社会助长与群体极化等。

从众

社会心理学家阿希设计过一个经典的从众实验：当被试走进实验室时，已经有其他的 6 名被试坐在那里了，他们其实是事先被安排的实验助手。被试坐好后，实验人员向他们出示两张卡片。其中一张卡片上只有一条线（标准线段），而另一张卡片上有 A、B、C 三条线（比较线段）（图 39-1）。被试的任务是从比较线段中找出与标准线段长度相同的一条线段。

这个任务其实不难。当被试单独完成任务，没有受群体影响时，他们基本上都能正确作答。有趣的是，在被试做出回答前，让冒充被试的实验助手先回答，并一致地给出同一个错误答案时，很多被试会给出和其他"被试"一致的错误答案。换句话说，即使他们知道群体是错误的，也有很大可能性来附和群体不正确的观点。

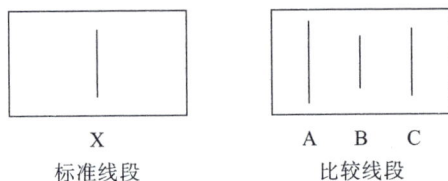

图 39-1　阿希从众实验中的卡片

从众行为的原因有很多。在许多情况下，人们不知道如何做是恰当的，这时大多数人的行为就成了可靠的参照系统。一方面，人们会自然地假定："多数人都这么做，自有他们的理由，效仿多数人的做法更可靠。"另一方面，如果偏离了群体的一般状况和选择，个体会面临群体的强大压力乃至严厉制裁。"木秀于林，风必摧之。"当个体与群体保持一致时，会得到群体的喜欢、接受和优待，而偏离者则可能受到群体的厌恶、拒绝和制裁。

生活中有大量的从众行为或从众现象。例如，一种服装款式能够成为"时装"、一首歌或乐曲能够成为"时尚音乐"或"流行音乐"，其背后都有从众行为的社会心理机制在发挥作用。2011年3月，日本福岛核电站在地震导致的核泄漏之后不久，远在北京的市民开始纷纷到超市抢购和囤积食盐，这也是从众行为的典型例子。

40

如何更好地做出决定?

在进行决策时,群体决策可能比个人单独决策出现更多两极化的现象,即更冒险、激进,或相反地——更加保守。换句话说,群体决策比个体决策更容易走向极端。最早的一项群体极化实验是麻省理工学院的一名学生詹姆斯·斯托纳(James Stoner)在1961年完成的。他设计了在风险条件下进行决策的问卷,内容举例如下:

"A先生是一位电气工程师,已婚并有一个孩子。他在大学毕业后,进入一家大型电气公司工作,迄今已满5年。这项工作比较稳定,工资中等,但足以维持生活,而且在退休后有一笔可靠的退休金。但在退休之前,他的工资不会提高很多。他现在有机会跳槽到另一家新成立的小公司工作,这家公司因为是新成立的,未来发展具有不确定性，风险较大，但新工作的薪水更高。而且如果公司能够在激烈的竞争中生存下来，A 先生有机会成为公司的所有者之一。目前公司可以证明自己能够盈利的概率分别是 1/10、3/10、5/10、7/10、9/10……如果 A 先生征求你的建议，新公司的盈利概率最低为多少时，你会建议 A 先生跳槽到新公司？或者无论概率多少也不建议 A 先生跳槽？"

在调查一开始，研究者是让被试单独做出选择，然后由群体共同讨论，再让被试进行选择。斯托纳假设，由群体讨论推荐的建议要比单独的建议保守，即建议跳槽的最低概率更低一些。然而结果表明，群体的意见比个体的意见更趋向于冒险，他称这种现象为**群体决策的冒险性转移**。

在另一项群体极化实验中，研究者分别选择了一组种族偏见较高的学生和一组种族偏见较低的学生，让他们讨论一些有关种族的话题。结果发现，种族偏见高的学生在讨论后增加了种族偏见的程度，种族偏见低的学生在讨论后则降低了种族偏见的程度。

一种解释是，群体中成员间的融洽相处，会使他们变得更加勇敢和大胆；另一种解释是，群体决策分散了责任，使个人不需要对最后的选择负责任，所以会更冒险；第三种解释是，群体极化与从众行为有关。人们都希望获得别人的认同，也习惯于赞同别人。当群体成员听到别人的观点和想法时，通常会调整自己的立场以符合多数人的主张。这时持不同看法的人宁愿沉默也不愿站在众人的对立面上。

群体极化既有积极的意义，也有消极的意义。积极的方面是能促进群体意见一致，提高群体内在凝聚力和群体行为的一致性；消极的方面是使错误的判断和决定更趋激化、极端，不容易得到纠正。

41

我们在什么情况下更愿意帮助他人？

　　人在群体和社会中的行为非常复杂，一方面人们会做出像利他行为这样的亲社会行为，另一方面也会做出攻击他人的反社会行为。

　　利他行为是个体在没有明显的自私动机下，自觉自愿做出的有益于他人的行为。常见的利他行为包括：①在看到陌生人陷于困境时给予帮助；②制止或干预犯罪行为；③在利益面前约束自己，从而让别人得到更多利益；④回报他人的恩惠或补偿自己曾经使别人遭受的损失。

　　一个人在决定是否做出利他行为之前，通常先要做出一系列的判断。比如，发生了什么事？当事人是不是需要帮助？这种帮助是不是非常紧急？自己是否应该出手援助？应该采取什么样的行动？借助什么办法完成这一行动等。当出现以下情况时，一个人给予当事人帮助的机会就会大大增加：①突然或出乎意料地发生；②当事人可能受到伤害；③随着时间的延续，情况变得越来越严重和危险；④没有其他人可以帮助当事人；⑤施助者有能力给予当事人帮助。

利他行为的产生与很多因素有关，包括助人者的人格特征、价值观念、个人信仰等。在一项求助实验中，研究者让一位实验助手扮演"求助者"。"求助者"的角色是一位大学生，他与其他几位同学正坐在图书馆的一张桌子旁边看书。这时走进来一个衣衫不整、蓬头垢面的"小偷"（研究者事先安排的），坐在离他们不远处。当"求助者"离开房间后，"小偷"拣起了一本"求助者"的书就离开了。当"求助者"返回时，他"吃惊地"发现自己的书不见了，请求其他人帮助寻找。过了一会儿，"小偷"也回来了，但手里没有拿那本书。那么，坐在附近的那些学生会帮助"求助者"捉住这个"小偷"吗？

结果发现，如果"求助者"是女性，她们会比男性更容易得到周围人的帮助；如果"求助者"在离开阅览室之前和周围的人聊过天，哪怕只是问问时间，也会提高得到帮助的可能性，说明聊天这一短暂的交往可以在"求助者"与旁观者之间产生某种微妙的联系，增加了旁观者提供帮助的责任和愿望。另外，外貌有吸引力或者是人品好的人也更容易得到别人的帮助。

求助者对自己所处的困境是否应该承担责任，也会影响他人是否给予帮助。例如同样是一个跌倒的人，如果他手里拿着拐杖，人们就更愿意帮助他；如果他手里拿着酒瓶，就很少有人愿意帮助他了。

心情也会影响利他行为。当一个人的心情好时，更有可能做出利他行为。天气甚至也能影响利他行为的发生概率，有研究发现，相比于寒冷和刮风天气，人们在天气晴朗时更有可能帮助他人。噪声也会使利他行为减少，可能是因为噪声破坏了一个人的心情，或者是噪声分散了人们对他人需求的注意力。

其他旁观者的在场也会影响利他行为的发生概率。拉特纳等人（Latané et al.，1968）的研究发现，当有人需要帮助时，如果只有一个旁观者，得到帮助的可能性有70%；当有两个旁观者时，得到帮助的可能性降为40%；而如果一个旁观者（事先安排的研究助手）表现出无动于衷的样子，另一个则仅有7%的可能性提供帮助。其他人的在场与态度对利他行为的产生有明显的影响。这是因为在有其他旁观者在场时，会产生责任扩散效应，即助人的责任由在场的所有人分担，每个人的责任就变小了。

有 用 的 知 识 增 加 了

人为什么会产生利他行为？

社会生物学的解释是，利他行为是人和其他动物共同具有的一种本能行为，它有利于物种的保留，是在进化过程中，通过自然选择形成的。例如，在其他食肉动物接近小斑鸠时，斑鸠妈妈会假装翅膀受伤飞不起来，一瘸一拐地逃跑，吸引捕食者，把捕食者引开到足够远的距离后再飞走。这一策略成功的概率比较高，但有时也会失败：一旦躲避不及时，被捕食者抓到，这样它就为保护小斑鸠而牺牲了自己。另一种观点则认为，利他行为与其他行为一样，是通过学习和强化建立起来的。当儿童给予其他小朋友帮助，或在家里帮做家务，或把自己的东西与别人分享时，这些行为可能会得到父母或亲友的赞扬和奖励，这就在无形中强化了他们的利他行为；而儿童如果不愿意帮助别人，则可能受到指责，这样自私的行为会受到抑制。因此，利他者在儿童时期的经历、形成的观念以及父母的言传身教，对其成人后所做出的利他行为有重要影响。

彭聃龄　教授

丁国盛　教授

如何避免从众和群体极化呢？

丁老师说

· · · · · ·

　　如何避免从众这个问题，其实背后有一个隐含的意思，即从众是不好的，不能从众。我觉得可以从不同角度来理解从众，并不是说只要从众就一定不好，而是要避免盲目从众，或者避免明知道别人是错的还要从众的现象。

　　这个问题的关键是可能先要对从众有些了解，之后再来讨论如何避免从众。首先，人为什么会从众？主要的原因可能有以下几个方面。

　　一是人喜欢待在人群中，在人群中会更加安全，我们常说"木秀于林，风必摧之"，就是说一个人如果和群体不一致，这可能会招致很多意想不到的风险。所以和群体在一起是相对比较安全的。比如，在一个动物群体中，如果遇到了外来威胁，那么在群体中的动物存活的概率比一只离群的动物要更高。

所以从众在进化层面上可能的原因是：在从动物进化而来的过程中，当和群体保持一致的时候，人们会避免很多的风险，这种风险一方面来自群体内，另一方面来自群体之外。所以这种习惯被延续下来，人们就觉得我要和大众保持一致，大家怎样我就跟着怎样。最典型的例子是，以前的小贩因为要逃避城管，所以一旦看见别的小贩在跑，他也会赶快跑，其实他没看见城管。

更深入地说，从众有两个更具体的原因：和大家不一致，似乎就会破坏一种规则，群体中可能有一种潜移默化的规则，尽管不一定是条文规定的，但因为大家都这么做，就成了一种事实上的规则。一个人如果和别人不一样，那么他面临着一种破坏规则的风险。

从众的第二个原因是，人做决定之前掌握的关键信息不够充分。就像不法小贩，他看到别的小贩跑，即使他还没有看见城管，但他的判断是别的小贩跑是因为看见城管了，这种情况下的从众，可能会避免这种风险。每个人掌握的信息都不够充分，其他成员可能掌握了自己没有掌握的信息，那么当其他成员做出反应，特别是很多成员一起反应的时候，就会对他产生影响，也会让人产生"我也这么做，至少能规避一些由于我没有掌握相关的信息而带来的风险"。

还有一个从众的原因可能涉及资源的争夺。举个简单的例子，之前日本核电站泄露后，突然间北京都买不着盐了，原因是大家都去疯抢盐。如果大家都去争夺一些资源，很多个体也会去做类似的行为，要不然自己就失去了这部分资源。

所以对于如何避免从众这个问题，我觉得可能需要分情况探讨。一方面，当我们不太了解很多问题的关键信息，且在破坏规则的代价很大的情况下，我们不妨也去跟随大家的步伐，做出从众行为。

但另一方面，当我有自己的信息渠道，知道这件事情是错的时候，就需要避免盲目从众。具体例子可见前文提及的阿希实验。

心理学上还有一种现象，叫作群体极化。

有一本书叫作《乌合之众》，其中就描述了人在群体中会丧失一些基本的理性，做出这种很极端的、可能在日常情况下想不到也做不出的行为的现象。

我个人觉得从众和群体极化这两个现象有关联，但是这两者也不完全一致，从众更多的是个体怎么和群体保持一致，形成一种顺从和服从的状态。但是群体极化不太一样，群体极化是指在意见并不一致的情况下，经过讨论后，该群体形成了一种倾向于某一极端的群体意识。这两者背后的机制可能有关联，但是它们指向的现象不完全相同。

从众和群体极化如何影响我们的生活？我们不好说如何影响，只能说两者在我们的生活中都大量存在，而且也不是说在认识了这些现象之后，我们就可以再也不从众了或我们的群体就不极化了。

在心理学层面上，我们更多的是先了解这种现象，然后在这个基础上进行一定的觉察，即我知道人是容易从众的，我目前的做法是不是出于从众，这其中有没有个体的自我意识，还是说我的自我意识在这个瞬间就不起作用了？

我觉得这是一种提醒，认识到人的理性其实可以帮我们做出相对正确的决策。我个人还是很推崇人的理性的，人的一项优势就是人是有理性的。

那么基于这些认识，我们在做出一些行为时就会有一些反思，有反思之后就会有主动的调节。但是，也不是在意识到理性之后，人的理性就可以占绝对的主导。其实很多的时候，人的行为反应都不是理性的。在行为经济学假设中，人在很多时候做决策，并不是一种完全基于理性的行为，很多时候是非理性因素起着关键的作用。也就是说，我们理性的反思、对很多事物的认识，实际上可以提升理性在这些行为中发挥的作用，但是又不能夸大这种作用。其实有很多关键的时候，起作用的可能还真不是理性，而是非理性。像弗洛伊德就说过，在小事上我们听从意识，大事上还是要听无意识的。

· ·

丁老师从"人是社会性动物"的角度出发，区分了不同类型的从众，指出了盲目从众与一般从众的区别，并说明了从众在人类生活中的意义，这点对我很有启发。现在的问题是，阿希在实验中所说的从众现象是哪一种？为什么要"避免"？阿希（Asch，1951，1955，1956）邀请了50名被试和另外一些助手参加了一项视知觉的研究。在被试独处时，这项任务很容易完成。但是，

彭老师说

阿希发现，被试的判断与参加助手的人数、助手群体的性质、被试回答问题的方式等有关，换句话说，与群体的压力有关。助手数量在2~4人时，从众行为直线上升；助手为女性时，从众行为也比较多；回答问题的方式是公开的，而不是匿名回答时，这种现象也较显著。从这个实验可以看出，被试做出错误的判断，是因

为受"群体压力"的影响，他们宁愿放弃正确的选择而"屈从"于群体的影响。阿希称这种现象为从众现象，实际上是一种盲目相信多数人的现象。从这个意义上说，要避免从众现象是对的。

阿希等进一步比较了不同社会文化环境对从众行为的影响，发现从众不只存在于美国，也存在于意大利、德国、西班牙、荷兰等国家，且从众的比例还高于美国，因而从众行为具有普遍性的意义。

阿希等还比较了从众行为与社会的集体主义与个人主义的相关。他们认为集体主义的文化强调规则、合作与和谐，因而可能会比个人主义的文化更多鼓励从众行为，他们对从众有更积极的看法。研究者在集体主义文化中发现了比个人主义文化更高的从众性（韦登著，《心理学导论》，2016）。

当从众和权力结合时，它就变成了"服从"，也就是按照权威人物的命令行事。在很大程度上，当权威人物说"跳"时，许多人会直接问："跳多高？"而不是"为什么要跳？""不跳行不行？"

至于"群体极化"，那是说群体的决策比个人决策更加冒险，或者更加保守，也就是向极端的方向转移。一些社会运动往往就是在这个时候产生的。它不同于一些小型群体的压力，而是成为了一种巨大的社会压力，加上对权威的迷信和服从，它对社会的影响就更大了，常常可以摧毁一个人的心灵，直至生命。

为了避免从众现象，丁老师讲了许多微观上的要求，我想从宏观上补充一点意见：①首先要广开言路，允许不同意见的存在，实现全过程的民主，为避免从众现象创造一个良好的大环境；②要提倡批判性思维，考虑问题从理性出发，不迷信，不盲从，发扬科学创新精神；③要保护少数人的意见。科学实践一再证明，真理常常掌握在少数人手上。在人类历史上，从哥白尼的太阳中心说，到牛顿的地心引力说，再到爱因斯坦的相对论，它们都是由少数人提出的。心理学中许多新理论，也是在批判旧理论的基础上诞生的。如果不批判行为主义，就不会有现代认知理论；如果不批判单一智力理论，就不会有多元智力理论，也不会有实践智力的概念。

爱情与亲密关系

42

爱情是怎样一种奇妙的情感？

　　爱情是一个千古之谜。爱情既是人类生存、繁衍的催化剂，也是无数文学家、艺术家与诗人的灵感与创作的源泉。在现实生活中，与爱情密切相关的人类活动和行为是恋爱和婚姻。一个人的人生幸福与否，与其婚姻和家庭是否幸福、美满关系极大。而一桩美满婚姻始自成功的择偶和恋爱。在恋爱和婚姻中，男女双方如果能掌握一定的心理学知识，了解在思考与处理问题时存在的性别差异，可以在一定程度上避免和减少误会和无意的伤害，使双方的相处更容易、关系更和谐。

　　一般来说，爱情是指在异性之间发生的一种强烈的依恋、吸引、渴望与对方结合的情感。在英文中，与"爱情"最相关的单词是

"love"。但"love"并非特指男女之间的爱情，也包括父母与子女之间的亲情之爱、朋友之间的友谊之爱，以及个体对其宠物、心爱的物品或食物的那种爱。为了与其他类型的爱进行区分，有时人们会称男女之间的爱情为"浪漫之爱（romantic love）"。

爱情通常伴随着一种强烈、美妙而奇特的情感体验，处于这种奇特体验中的人，被称为"坠入爱河"。"坠入爱河"的一个典型表现，是心里、眼里只有一个他/她，对方是特殊的，甚至是唯一的。高度关注对方，其一举一动、一颦一笑都牵动自己的身心，愿意为他（她）而生，为他（她）而死。"问世间情为何物，直教人生死相许"，就是指这种体验。

爱情是一种跨文化的普遍现象，几乎在所有的文化中，都有经典的爱情故事千古流传，例如罗密欧与朱丽叶、梁山伯与祝英台等。为什么会有爱情？不同文化往往也有相应的神话传说来解释爱情的发生。在古罗马神话中，爱情的产生是因为恋人们中了"丘比特之箭"，而中国古代则有"月下老人"牵红线系姻缘的传说。在现实生活中，爱情的发生似乎没有特定的规律。有一见钟情的，也有日久生情的。很多时候，一个眼神，一个微笑，一次问候，甚至仅仅是一次擦肩而过，就足以引发一场轰轰烈烈的爱情。古相思曲中有"只缘感君一回顾，使我思君朝与暮"的诗句；无独有偶，《红楼梦》中也有一段"偶因一回顾，便为人上人"的故事：落魄的贾雨村在甄府初见丫鬟娇杏时，因为娇杏回了两次头，便念念不忘，等升任新太爷后把娇杏娶回家，后扶为正室夫人。这说明爱情的发生，不需要铺垫和积累，一次回眸就足够了。爱情也很容易跨过年龄、经济阶层、种族、国别以及文化的鸿沟，把两个生活背景和各方面情况差异极大的人紧紧联系在一起。

爱情不仅仅是"坠入爱河"的情感体验，也包括在爱情中男女双方的活动、交往和互动过程。不同的人，在爱情中会表现出不同行为方式和风格。加拿大作家艾伦·李（John Alan Lee）在20世纪70年代总结了6种爱情类型或风格（图42-1），并用颜色轮盘进行类比，其中红、白、蓝三色代表3种基本的爱情风格：激情型、游戏型和友谊型，而三色的混合形成另外3种类型：实用型（游戏型＋友谊型）、占有型（激情型＋游戏型）和利他型（激情型＋友谊型）。

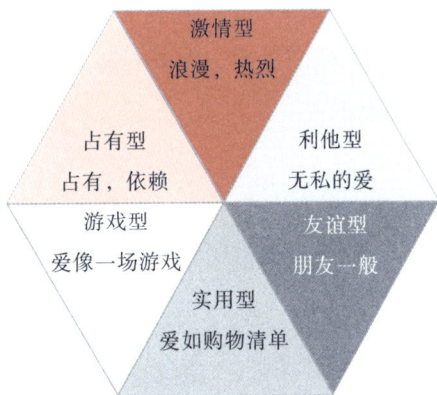

图 42-1 艾伦·李提出的6种爱情风格

在艾伦·李的研究基础上，心理学家克莱德·亨德里克和苏珊·亨德里克夫妇提出了用于测试不同爱情风格的量表，并致力于把爱情风格总结为一种理论。亨德里克对6种不同类型的爱情风格的要点描述如下。

（1）激情型：感受到强烈的身体吸引力，伴随强烈的情感，更关注外貌与气质，愿意展露自己的情感和内心世界等。

（2）游戏型：爱情是与不同伴侣玩的一种游戏。基本特点是不会真诚地对待对方，常伴有欺骗，不会轻易暴露自我，以及隐瞒其他伴侣的存在及相关信息。

（3）友谊型：爱情如同友谊，安静且友爱。与激情型的热烈形成鲜明对照。

（4）实用型：爱情如同一桩交易，会充分考虑对方家庭条件、工作、父母情况等。由相亲开始的爱情比较符合这种类型。

（5）占有型：以强烈的嫉妒、占有心理为特征。兴奋和嫉妒情绪交替出现，通常结局堪忧。

（6）利他型：典型特征是自我奉献与牺牲，将爱人的幸福置于自己之上。

个人的爱情风格与其人格特征密切相关。例如，激情型与大五人格结构中的外倾性和尽责性呈正相关，与神经质呈负相关；而占有型在神经质与关心满意度方面起中介作用等。对不同爱情风格的态度存在显著的性别差异。男性比女性对游戏型爱情持更宽容的态度，而女性比男性更赞同友谊型和实用型爱情。与女性相比，男性更认同利他型或无私的爱情。

其他研究者提出了关于爱情的另一些分类。例如，艾伦·伯奇德（Ellen Berscheid, 2006）提出，爱可以分为依恋之爱、温情之爱、伴侣之爱和浪漫之爱。其中依恋之爱是一种基本形式的爱，并不局限于男女之间的爱情，也包括婴儿对母亲的依恋。温情之爱相当于亨德里克的利他型，体现为关心对方的幸福，并付之行动，而很少考虑这些行动是否对自己有益。伴侣之爱，相当于友谊型加实用型。伴侣之爱的情感系统遵循"奖赏—惩罚"原则，即更喜欢给自己带来"奖赏"的人，而讨厌给自己带来"惩罚"的人。所谓奖赏，指那些针对自己的正面、积极和友好的态度和行为，而惩罚指对自己的负面、消极和敌对的态度和行为。而依恋之爱与温情之爱则不遵循"奖赏—惩罚"原则，是不求回报的爱。浪漫之爱则相当于激情型，与性欲与性吸引力关系密切。

随着研究的深入，或许能将这些不同的分类方式归于同一个分类体系。对爱情类型或风格的区分，有助于处在恋爱状态的人反省和认识自己和对方的感情状态和类型，从而更好地把握爱情的未来。

有 用 的 知 识 增 加 了

有关爱情的心理学研究

爱情成为心理学研究的课题只有几十年的历史。因为一直以来，爱情被认为是无法进行科学研究的，因为"爱"很难被定义和量化。精神分析学派的先驱弗洛伊德曾撰写了很多关于性欲与爱的论文或论著，后来被结集成册；另一位精神分析学派代表人物艾里希·弗洛姆写过一本《爱的艺术》，但他们的主张更接近哲学思考，而非严格意义上的心理学研究。直到 20 世纪 70 年代，才出现一批关于"爱"的心理学理论和心理学研究。第一本关于"爱"的心理学专著《爱的心理学》（*The Psychology of Love*）于 1988 年在美国出版，由美国心理学家罗伯特·斯滕伯格与其合作者迈克尔·巴恩斯共同撰写。8 年后，罗伯特·斯滕伯格和另一位合作者凯琳·斯滕伯格又出版了《爱的新心理学》（*The New Psychology of Love*，2006）。这两部专著是这个领域的奠基性著作。其他比较有影响的著作还有《爱的普遍理论》（2001）、《因为爱情：成长中的亲密关系》。如今，爱情（love）已经成为颇为引人注目的一个心理学研究领域。

43

为什么一段爱情在开始时总是轰轰烈烈，结局却迥然不同？

每个人都期待拥有一段轰轰烈烈的爱情，但很多人在现实中却控制不了爱情的走向和结局。从曾经的海誓山盟到成为陌路甚至彼此反目的例子屡见不鲜。这其中有怎样的缘由和玄机呢？斯滕伯格的"爱情故事"理论，提供了一种可能的解释。

按照斯滕伯格的观点，可以将爱情描述为一个故事：有开始，中间发展过程和各种故事情节，以及预期或现实的故事结局。每一个爱情故事都是由当事人基于生活经验创造出来的，但不是凭空制造的。人们从童年就开始接触各种爱情童话故事、文学和影视中的爱情故事以及在真实生活中看到或听到的爱情故事，从这些爱情故事中建立和发展起对爱情的基本概念以及对爱情故事的典型理解。久而久之，会形成一种关于自己的爱情应该是什么样子的想象，并在条件合适时，与恋人一起将这种对爱情的想象付诸实践，从而在生活中创造和演绎出一个属于自己的爱情故事。

在爱情故事的演变中，一个人的心目中的恋人形象很可能来自自己的想象，而不是对方的真实面目。而恋爱的双方也很可能在同一段爱情关系中各自演绎了一个不同的爱情故事。例如，如果让一对恋人互相讨论对两人关系的认识和感受，或对发生在两人之间的事情的理解和看法，人们会惊讶地发现两人之间其实存在很大的差异。奥地利作家斯蒂芬·茨威格在他所著的小说《一个陌生女子的来信》中，讲了这样一个故事。一位著名的作家收到了一个陌生女子的来信，这封信是在她临终前写给作家的。信上说，她从十三岁时就开始疯狂地暗恋作家，终其一生痴心不改。在成年后又想方设法与作家偶遇，并怀上了作家的孩子，之后又独自含辛茹苦把孩子抚养大。然而孩子最终因病去世，而这位女子也身染重病。女子在临终前给作家写信，表达了她一生的痴恋与绝望。然而作家对这位女子的痴情竟一无所知，甚至连她的面容都记不起来。

斯滕伯格等人整理了 26 个典型爱情故事，如"园艺""收藏""科学"等（详见表 43-1）。在"园艺"故事中，爱情如同园中的花朵，需要持久不断地培育和浇灌；在"收藏"故事中，伴侣被当作一件收藏品来对待；在"科学"故事中，爱情被认为像其他自然现象一样，能够被理解、分析和解剖。按照斯滕伯格的解释，我们之所以爱上一个人，是因为他（她）身上的某种特质在一定程度上符合或满足自己爱情故事的预设。同样，一段感情是否幸福，能否维持，则在很大程度上取决于两人的爱情故事是否匹配。如果两人正好是同一个故事中的互补角色，则非常容易相处，如童话故事中的公主与王子。当两人的爱情故事足够相似，则比较容易融合成一个新的统一的故事，从而发展为稳定和谐的爱情。故事既是因，也是果。在两人的相处中，故事导致我们以特定的方式做出行为反应，同时我们的行为方式与两人之间的互动方式又会改变和调整故事本身。

运用上述假设，我们可以解释生活中的很多现象。比如，为什么有些人总是爱情失意，摆脱不了被抛弃的命运？同样，为什么一段爱情在开始时总是轰轰烈烈，结局却迥然不同？这是因为不同的人怀有并演绎着不同的爱情故事。如果演绎的是一个"园艺"故事，则会注重在爱情中的给予和付出，爱情的成功与否不在于找到那个完美的另一半，而在于双方持久的培育和呵护。如果演绎的是一个"独裁政府"的故事，则一方总是处于另一方的绝对控制之下，则很容易遭到处于被控制的一方的反抗而最终导致关系破裂。情侣双方的感情冲突，往往是双方所持的爱情故事之间的不相容或冲突所致。

表 43-1　斯滕伯格（1999）的 26 个典型爱情故事

故事类型	相互角色	故事要点
A 师生故事 （Student-Teacher）	老师与学生	爱情中的双方是老师和学生的关系
B 牺牲故事 （Sacrifice）	牺牲者与受益者	一方对另一方不求回报地奉献和牺牲

续表

故事类型	相互角色	故事要点
C 政府故事（Government）	管理者与被管理者	权力和控制（根据权力关系，又可以分为民主型、独裁型、无政府型）
D 警察故事（Police）	警察与嫌疑犯	一方对另一方的密切监视
E 色情故事（Pornography）	玩家与玩具	爱要不顾自尊，一方成为另一方的玩弄品
F 恐怖故事（Horror）	加害者与受害者	爱情的乐趣伴随着一方对另一方的恐吓
G 科幻故事（Science Fiction）	外星人与地球人	伴侣像外星人一样，奇异且不可理解
H 收藏故事（Collection）	收藏者与收藏品	伴侣被看作收藏品，多多益善
I 艺术故事（Art）	鉴赏者与艺术品	通常因伴侣的外貌或肉体吸引力而坠入爱河，伴侣的"良好状态"非常重要
J 家庭故事（House and Home）	照顾者与被照顾者	房子和家是爱情的核心，家庭环境和生活舒适非常重要
K 复原故事（Recovery）	受伤者与医护人员	爱情是经历痛苦或创伤后的疗伤过程
L 宗教故事（Religion）	教友，或救助者与救赎寻求者	爱情需要伴有宗教信仰的成分，或把爱情视作一种宗教信仰
M 游戏故事（Games and Sports）	赢家和输家	爱情像一场游戏或体育比赛，有输有赢
N 旅行故事（Travel）	两个互助的旅行者	爱情是一段旅程，是动态的，关注未来
O 编织故事（Sewing and Knitting）	两位编织者或编织者与客户	爱情像一件编织品，你让它是什么样子，它就是什么样子

续表

故事类型	相互角色	故事要点
P 园艺故事（Gardenning）	园丁，或园丁与花	爱情需要持续不断地培育和浇灌
Q 商业故事（business）	伙伴或雇主与雇员	爱情是由两个人共同经营的商业活动
R 沉溺（成瘾）故事（Addiction）	成瘾者与被依赖者	伴随强烈的焦虑，没有对方就活不下去
S 幻想（童话）故事（Fantasy）	王子与公主	如童话中的爱情，白马王子与美丽公主
T 历史故事（History）	历史学家，或历史学家与历史人物	保存两个人共同的经历、故事和见证（如相册、结婚纪念），经常回忆过去
U 科学故事（Science）	科学家，或科学家与研究对象	爱情像其他事物或自然现象一样，可以被理解、分析和解剖
V 食谱故事（Cook Book）	厨师和餐馆	成功的爱情需要按照特定方式和步骤（食谱）行动
W 战争故事（War）	征服者与被征服者	爱情是一场战役中的一系列斗争
X 剧场故事（Theater）	戏剧演员与观众	爱情是一个有剧本、布景、表演和台词的戏剧故事
Y 幽默故事（Humor）	喜剧演员与观众	爱情是奇特而有趣的
Z 神秘故事（Mystery）	侦探与神秘人物	爱情要保持神秘，不应该让对方对自己有过多了解

44

从热恋到失恋，大脑会发生哪些变化？

　　爱情不仅是一种心理体验，而且伴随着身体内一系列复杂的生物化学反应和脑神经活动。例如，当女性对一名英俊潇洒的男子"一见钟情"时，其大脑会迅速释放大量**多巴胺**。多巴胺是与爱情结构中的"激情"相关联的化学物质，能让人处于疯狂的兴奋状态，并使人上瘾。其实不光是爱情，其他容易上瘾的行为，如吸烟、酗酒甚至吸毒，也都可以刺激多巴胺的分泌，使人产生飘飘欲仙的感觉。然而，多巴胺带来的"激情"并不能持续存在。一般来说，在爱情持续 1.5~3 年后，激情就逐渐平淡了。经过了热恋之后，人就很难再产生那种激情，除非再次进入热恋状态。

　　除了多巴胺，还有很多其他生理激素和化学物质与爱情有关，包括后叶催产素、后叶加压素、皮质醇等。例如，不管是男性还是女性，处于热恋期的实验组的皮质醇水平都显著高于非恋爱状态的控制组，当在实验中回忆热恋对象时，个体比回忆一般朋友有更高水平的皮质醇。**皮质醇**是一种由肾上腺分泌的生理激素，在应付压力中扮演重要角色，可以提高血压、血糖水平和产生免疫抑制作用。而处于热恋中的女性体内促卵泡成熟激素（FSH）则显著低于非恋爱状态的女性。该激素由脑垂体合成并分泌，因最早被发现对女性卵泡成熟的刺激作用而得名，对男女两性的生长发育都非常重要，它调控发育、生长、青春期性成熟，以及与生殖相关的一系列生理过程。另外，热恋中男女体内另一种神经递质 5- 羟色胺的浓度则低于非恋爱状态的对照组。**5- 羟色胺**是一种生理作用非常广泛的神经递质，在人的觉醒、心境、进食和性行为中都有重要作用。爱情与神经生长因子的水平也存在联系。与那些单身或是爱情关系已维系了很长时间的人相比，处于热恋中的人有更高的神经生长因子水平，而且其水平和恋爱强度呈正相关。当恋爱关系持续 1~2 年之后，他们血浆中的神经生长因子水平下降，和单身者就没有明显差别了。

美国印第安纳大学的人类学家海伦·费舍尔（Helen Fisher）对爱情的生物化学基础进行了总结，提出爱情有 3 个不同的成分：①性欲（lust），主要由性激素（包括雄激素和雌激素）驱动；②吸引（attraction），主要由肾上腺素、多巴胺和 5- 羟色胺驱动；③依恋（attachment），是使情侣长时间在一起的情感联系，主要由 2 种垂体后叶激素，包括催产素（oxytocin）和加压素（vasopressin）所驱动。不同激素分泌水平的增加会引发不同的生理或行为反应。例如，肾上腺素增加会使人在遇到心上人时出现冒汗等生理反应；多巴胺增加会产生兴奋的情绪，并使人感到精力充沛，对睡眠或者食物的需要降低，注意力变得集中，能够在两人相处的细节中寻找并体验快乐。5- 羟色胺的变化导致有关爱人的想法不断涌入你的思维。后叶催产素是一种在性爱过程中会释放的激素，在发生性关系后，可以增强情侣之间的依恋，后叶加压素是在性爱后释放的激素。后叶催产素和后叶加压素在情侣形成亲密关系和依恋情感的过程中扮演重要角色。总之，性、吸引和依恋分别基于截然不同但相互关联的生理和神经系统，并以特殊的方式相互作用（图 44-1）。

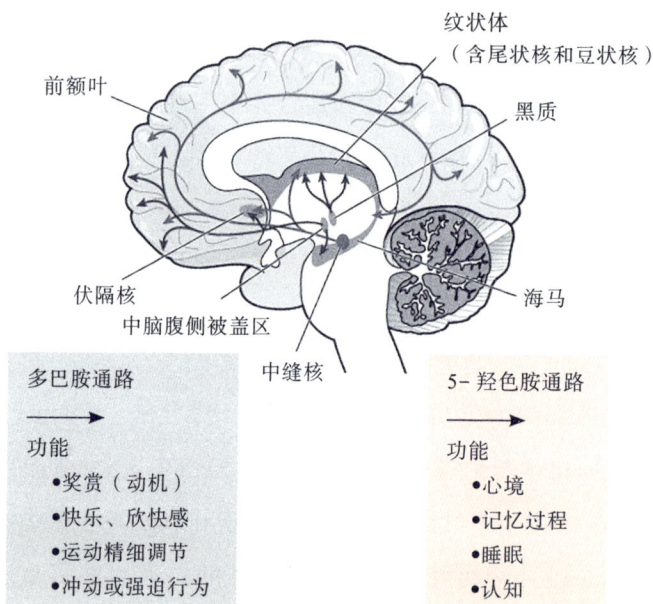

图 44-1 人脑中的多巴胺神经通路和 5- 羟色胺神经通路，前者是奖赏系统的重要组成部分。

针对爱情的脑成像研究则显示，爱情与特定脑区的活动，特别是与"奖赏系统"有关的神经活动有密切关系。处于恋爱中的人在观看爱人的照片时，与观看其他人的照片相比，大脑的一些特定部位，包括脑岛、中脑腹侧被盖区，尾状核等脑区有更强的激活（Bartels & Zeki，2000；Fisher et al.，2005；Fisher et al.，2010）。这些脑区是多巴胺分布比较密集的脑区。随着恋爱时间增加，右侧脑岛、右侧扣带回皮层的激活越强，而左侧后扣带皮层激活越弱，显示这些脑区的活动与长期恋爱关系的维持有关（Fisher et al.，2005；Fisher et al.，2010）。研究者还发现，当恋人的名字快速闪现在一段视频中时，热恋中的女性尽管不能"看到"恋人的名字，但与奖赏和情绪相关的脑区，如尾状核、脑岛、中脑腹侧被盖区等也被激活了（Ortigue et al.，2007）。

对失恋个体进行的研究还发现，大脑活动会随着失恋的不同阶段而表现出不同的特点（Fisher et al.，2006；Fisher et al.，2010）。在失恋初期，被试处于防御阶段，具有愤怒和渴望复合的情绪，他们在观看原有恋人的图片时，不但与奖赏有关的脑区（如双侧腹侧被盖区、腹侧纹状体等）会出现激活，那些与药物成瘾行为有关的脑区如伏隔核、前额叶外侧眶额皮层也会被激活，这个发现也许能解释失恋者有些类似于"成瘾"的行为，他们强迫性地、反复地思念对方，并渴求与对方产生情感上的联系。在由失恋进入顺从 / 绝望阶段后，被试主要处在悲伤情绪中。这时他们在脑岛、前扣带回、纹状体等脑区的活动表现为抑制，而这些脑区通常在恋爱中是被激活的脑区（Najib et al.，2004）。

有 用 的 知 识 增 加 了

爱情是一种强迫症吗？

　　研究发现，爱情与强迫症有着类似的神经机制。意大利比萨大学的精神病专家多那特拉·马拉辛提（Donatella Marazziti）对比了 20 名初坠爱河的人和 20 名患有强迫症的病人的大脑。两组人的脑部血液中 5- 羟色胺转运体（一种蛋白质）的浓度都显著低于控制组。一年之后对这些初坠爱河的人进行再次检查，发现他们的 5- 羟色胺转运体的浓度增加了，而他们报告称不再过度迷恋自己的伴侣。

中国人的爱情

　　中国人在恋爱中的脑区活动与西方人有没有区别？ Xu 等人（2011）的研究发现，与西方人一样，处于恋爱早期阶段的中国被试，在看爱人照片时同样激活了奖赏和动机系统，包括腹侧被盖区和尾状核，而抑制了杏仁核、内侧眶额皮层的活动。与西方人不同的是，中国人的内侧前额皮层受抑制，这个被抑制的脑区通常与对"自我"的加工有关。爱情中不但存在幸福感，通常也伴随着强烈的嫉妒感。近来，我国研究者（Sun et al.,2016）采用功能磁共振成像和情景想象法发现，在恋爱关系中感受到的幸福感越强烈，在恋爱关系受到威胁时的嫉妒感越强烈；相较于暧昧追逐阶段，恋爱关系明确后对于爱慕对象与情敌亲密接触的嫉妒感更为强烈。有趣的是，当嫉妒情绪发生时，大脑基底神经节有显著的激活，这一区域包括众多与奖赏相关的神经核团，如纹状体、伏隔核等。而腹内侧前额叶是评估恋爱幸福感的主要脑区。当恋爱关系确定后，苍白球和纹状体在嫉妒情绪中激活更加显著，其激活模式与嫉妒情绪的评分模式一致。

45

如何守护幸福美满的爱情和婚姻？

尽管绝大多数人都期待拥有一份幸福美满的爱情，但爱情的道路却充满了坎坷和陷阱，以至于很多爱情最终以失败和分手而告终。即使修成正果，步入婚姻殿堂，对爱情的考验也并未结束。很多轰轰烈烈的爱情，在婚后日常的柴米油盐和磕磕碰碰中会逐渐失去光彩，最后以黯然离婚收场。

爱情和婚姻，不管成功还是失败，都是自我成长的一个契机。经过爱情的洗礼和婚姻的历练，一个人的自我将趋向完善，人格走向成熟。在爱情和婚姻中，我们需要学习如何与对方和谐地相处，如何从对方的举手投足中了解其内心的真实需求和真实心情，如何洞察和把握对方心灵深处的潜意识信念、深层价值观和人格特质等。

　　决定爱情能否成功的因素有哪些呢？加拿大裔美国心理学家纳撒尼尔·布兰登博士（Nathaniel Branden，2009）指出，自尊（爱自己，并肯定自我的能力和价值）是最重要的因素之一。首先要爱自己，才有可能让别人爱上自己。一个不爱自己的人，或者认为自己不值得爱的人，恋人不管对其表现出多少爱意，也会认为是虚假的，因为他/她在骨子里不相信自己值得被爱。时间久了，自然会导致爱情的失败。缺乏自尊的人，通常也会在潜意识里认为自己不配也不应该拥有真正的幸福，因此无法坦然地接受和享受爱情和婚姻中的幸福状态。当幸福真正来临时，他/她会焦虑和担忧，认为这种幸福不可能持久，或者很快将有不好的事情发生。总之，不能坦然享受幸福，从而给发展成功的爱情关系带来障碍。

　　除了自尊，个体的自主也非常重要。自主表现为自我导向和自我调节的能力。自主的人，会认识到每个人都有其独立的生活目的而不仅仅是为了满足其他人的需求。不管人们之间如何相互关心和相爱，每个人最终需要对自己负责。因此他们不需要向任何人证明自己是乖孩子，也不需要配偶和情侣在生活中扮演父亲或母亲的角色。更重要的是，拥有自主性的人，意味着他/她有较高水平的自尊和自我肯定，对自己的能力和价值有信心。不自主的人，难以在爱情中保持各自的相对独立性，通常会过度关注对方，或希望对方扮演父母亲的角色来满足自己的更多需求；刻意寻求对方的认可，或把对方看成没长大的孩子，给予过度的关爱和控制。这样双方由于黏得太紧而没有回旋余地，容易将爱情中正常的、无关紧要的摩擦、误会和矛盾视为对方对自己的拒绝，认为对方不够爱自己，并因此受到很大伤害。小摩擦或误会就升级为一场灾难。长此以往，爱情最终会走向失败。与此相反，自主的人会保持自我的相对独立性，尊重对方的需求，并给对方充分的自由和空间，不会小题大做。爱情因而可以持续发展和成长。

再有，成功的爱情和婚姻需要立足于现实和真实。这意味着，能清醒地、真实地认识对方和自己，包括双方优点和缺点，而不是生活在幻想和想象中。如果不是把情侣看作一个真实存在的、既有优点又有缺点的、活生生的人，而是刻意制造一个爱情幻象来满足和承载自己对理想爱情的渴望和期待，我们总有一天会大失所望。能清醒地看到现实、认清并接受真实的对方其实是非常困难的，尽管在斯滕伯格的"爱情故事理论"中，想象是爱情故事的重要特征之一。但是，只有尽可能地立足于真实的生活，不进行自我欺骗，才能获得成功和美满的爱情。

第六编

如何让心理更健康、生活更幸福

Q

心理学都是心灵鸡汤吗？

希望不是

A

也不都是鸡汤。

心理健康

46

心理健康的标准是什么？

随着社会的发展和进步，人们越来越关心自己和亲人的健康，包括身体、心理和精神健康。身体健康就是不生病。得了病，大家都知道要找医生治疗，打针和吃药。但心理不健康，该不该治疗？找谁治疗？许多人就不清楚了。生活中我们还会遇到这样的情况，身体上有病，病人愿意把自己的病情告诉医生，而心理上有病，却不敢告诉别人，担心别人说自己得了"精神病"，是"思想落后"等，结果让病情越来越严重。什么是心理健康和心理异常？有病了应该找谁？如何让自己的身心得到健康的发展？

关于什么是健康的心理，其实并没有一套公认的标准。按照世界卫生组织（WHO，2005）的说法，心理健康是"一个人可以实现其能力、可以应付日常生活中的压力、工作有成效、可以为其所在的群体做出贡献的一种健康、幸福的状态"。著名心理学家马斯洛和密特尔曼（Willard Mittelman）提出了心理健康的 10 条标准：

（1）有充分的安全感；

（2）对自己有较充分的了解，并能恰当地评价自己的行为；

（3）自己的生活理想和目标能切合实际；

（4）与周围环境保持良好的接触；

（5）保持自我人格的完整与和谐；

（6）具备从经验中学习的能力；

（7）保持适当和良好的人际关系；

（8）能适度地表达和控制自己的情绪；

（9）在集体允许的前提下，有限地发挥自己的个性；

（10）在社会规范的范围内，适当地满足个人的基本需求。

其实，这些标准都带有描述的性质，是关于心理健康的理想状态，很难用它们来直接区分心理正常和心理异常。以马斯洛等提出的标准为例，怎样才算"有充分的安全感"？一个人在陌生情境中感到恐慌，就是没有"充分的安全感"吗？恐慌达到什么程度才算没有"充分的安全感"？这些都说不清楚。而且，即使每个标准都很明确，能够供人做出正确判断，人群中究竟又有多少人可以同时满足这些标准呢？有人估计，人群中能达到上述理想标准的人或许不到20%。在理想的心理健康和心理异常或心理疾病之间，其实还存在一个较大的模糊空间。

不正常的心理称为心理异常（abnormal）。其中程度不那么严重的，称为心理障碍；而情况严重时，则称为心理疾病或精神疾病。判断一个人的心理是否异常，一般要考虑以下 3 个方面。

个体某方面的心理特征偏离人群分布的程度。简单说，一个人的某种特征如果和绝大多数人差不多，就是正常的；如果和绝大多数人不同，则有可能是不正常的。比如在知觉过程中，绝大多数人都会产生错觉被认为是一种正常的心理现象，如第 7 问中提到的错觉轮廓；很多人偶尔会出现的幻觉，比如入睡前意识朦胧时听到有人说话，一些宗教信仰者听见神的指示，一般也不被看作心理异常。但是，如果一个人（如精神病患者）经常出现"幻听"和"幻视"，即听到别人听不到的声音，看到别人看不到的人或物，这就会被视作心理异常。

绝大多数的心理特征在人群中都符合**正态分布**，或表现出"趋中"的走势，即等于或靠近平均值的人数最多，偏离平均值越多，人数越少。在实际操作中，心理学家会使用统计技术，根据群体的相应心理特征或表现的分布制作一个"**常模**"，然后测试单个个体的特征，从而判断其特征在人群中的位置，或偏离群体的程度。如果个体的偏离程度超出了一定的范围，比如过于内向或过于外向，过于暴躁或过于冷漠，则可能意味着心理异常。当然，不是所有的偏离都是负面的，例如，某些人拥有超常能力，或具有某些"特异功能"，尽管异于常人，也不会被看成是心理异常或心理疾病。

个体的主观感受、体验，以及对工作和生活的影响程度。心理异常通常都伴随某种异常的主观感受和体验。例如，体验到没有明确原因的恐惧或焦虑，无法遏制的幻觉和幻想，无法控制自己的行为等。这些情况如果比较严重，并影响到正常的工作和生活，则可能被判断为心理异常。

个体的主观体验是判断心理是否异常的重要参考，但不是唯一依据。面对同样的情境或事情，个体间的主观体验会存在很大的差异，这种差异其实是正常的。而且，由于个体一般只能体验自己的感受，无法体验别人在类似情境中的感受，所以往往无法正确判断自己的感受是否正常。

从情绪方面说，并不是积极情绪就代表心理较正常，消极情绪就代表心理不够正常。喜怒哀乐是人之常情，适当的情境和事件引发相应的情绪，说明其情绪功能是正常的。相反，该悲伤时（如亲人亡故或遭遇重大生活变故）不悲伤，则可能意味着不正常。另外，有些心理异常没有明显的主观感受或体验，例如，反社会人格患者的一个主要特征就是冷漠，没有同情心、负罪感和痛苦之类的负面情绪。

行为是否合乎文化传统和社会规范。如果一个人举止怪异，其行为违背了社会规范或社会期待，如在大街上"裸奔"，或在公共场所无缘由的大嚷大叫，则可能意味着心理异常。

临床上对心理异常的诊断主要借助于诊断工具来完成，这些工具通常都综合考虑了以上三个标准，而不是单一的标准。国际上主要采用由美国精神医学协会颁布的《心理异常诊断与统计手册》（DSM，Diagnostic and Statistical Manual of Mental Disorders），或世界卫生组织的《国际疾病与相关健康问题统计分类》（ICD，International Classification of Diseases），我国的临床实践则主要采用《中国精神疾病障碍与诊断标准》（CCMD，Chinese Classification of Mental Disorders）。

不过，诊断心理异常或心理疾病其实是一件非常困难的事情。罗森汉（Rosenhan，1972）曾进行过一项著名的研究，让8位心理正常的志愿者假装有幻听，成功混入了精神病院，住院后，停止装病，一切表现正常，看精神病医生如何对待他们。结果发现，尽管这些人没有任何异常症状，他们获准出院的平均时间却是19天，最长的一位在精神病院待了两个月。

随着时代的变化，对各种心理疾病的认识、分类和界定也在发生变化。DSM被誉为精神医学的圣经，在1952年第一版（DSM-Ⅰ）出版时，只有130页，列出了106种心理疾病。到2013年第五版（DSM-Ⅴ）出版时，全书厚达947页，涉及心理疾病200多种。在2000年出版的DSM第四版修订版（DSM-Ⅳ-TR）中，精神分裂症被分为"偏执型""紊乱型""紧张型""未分化型"和"残留型"等五种亚类型，但在第五版中，这些亚类型都被取消了。这些变化既反映了人们对于心理异常与心理疾病的认识在逐渐深入，也说明心理疾病的诊断范式缺乏可靠的病因学基础，因而不能很好地反映精神障碍的内在性质。正如主持修订 DSM 第三版（DSM-Ⅰ，1980）的罗伯特·斯皮策（Robert Spitzer）所说，相应的诊断标准导致了20%~30% 的可能未罹患任何严重精神障碍的个体会接受药物治疗。

有 用 的 知 识 增 加 了

人为什么会出现心理异常？

在古代，人们认为患精神病的原因是"邪灵附体"，因此会对精神病患者进行拷打、折磨或体罚以驱赶邪灵。到中世纪，这种观念和做法还十分流行，成千上万的精神病患者备受折磨和虐待，有些甚至被处死。直到 18 世纪后半叶，由于近代医学的兴起，精神病才逐渐被看成一种疾病，就像人的身体会生病一样，需要接受治疗，而不应该受到折磨和虐待。随着心理学的发展，心理学家把心理异常看成是生理、心理、环境、文化等多种因素相互作用的结果，进而探索心理异常的诊断和治疗，提出了一系列的方法和手段。

47

常见的心理异常有哪些?

心理异常可以表现在心理过程的各个方面。在认知方面,可表现为感知觉障碍(不能正确识别事物)、注意障碍(不能长时间集中注意力,如多动症或过度注意)、记忆障碍(健忘症、记忆错构或虚构等)、思维障碍(如思维混乱、思维贫乏、思维奔逸,即思想或念头的大量涌现和快速转换等);在情感方面,可表现为心境障碍(如抑郁症、躁郁症)、焦虑症等;在意志方面,可表现为偏执、意志倒错、意志缺乏等。心理异常也表现为人格变异(人格障碍)和智力障碍等。以下是几种最常见的、也较为严重的心理异常(精神疾病)。

精神分裂症

2001 年上映的奥斯卡获奖影片《美丽心灵》，再现了诺贝尔奖获得者、美国天才数学家约翰·纳什（John F. Nash）的传奇一生。20 世纪 50 年代，纳什在普林斯顿大学就读博士期间提出了著名的关于非合作博弈的理论，之后却被诊断患了严重的精神分裂症。多年以后他战胜了疾病，并获得了 1994 年度的诺贝尔经济学奖。影片很生动地展现了一个精神分裂症患者的体验、感受和行为方式。

精神分裂症是精神疾病中最复杂的一种类型，病因不明，在人群中的发病率为 1% 左右。男性与女性的发病率相近，但男性发病比女性早，男性的发病期通常在 10～20 岁，而女性通常在 20 岁以后至 30 多岁。其常见症状如下。

·**对现实的知觉歪曲，出现幻觉**。例如，患者感觉到一些不存在的东西，比如，在不存在真实的刺激时，看见某些景象、听到某些声音（幻听）、闻到某些异味，甚至是自己嘴里的味道，或出现某种皮肤感觉。出现幻听是精神分裂症患者最常出现的幻觉。患者听到有声音在评价或侮辱、嘲笑自己，或对自己发出指令。

·**产生妄想**。患者有异于常人的观念或信念并坚信不疑。比如，认为别人可以听见自己的思想，有人将思想或念头强行放入自己的大脑等。

·**意识和思维混乱，行为表现怪异**。患者意识中的图像和声音常常混杂在一起，无法清晰进行思考；或思维奔逸，不同想法之间转变过于迅速；自言自语说一些无意义的句子或词汇；无法与周围人进行正常交流或对话，或无法对周围的人或事做出适当的反应；身体长时间地保持一个固定的姿势等。

·缺乏决策能力和执行力，很难保持注意，工作记忆有困难。

·社交障碍。患者在社会、工作、学校以及人际关系方面存在障碍，缺乏密切的人际关系，出现社交退缩等行为。

精神分裂症有显著的家族病史，说明与遗传因素有关。另外，研究发现精神分裂症患者的脑部化学物质失衡，多巴胺（Dopamine）有分泌过量的现象。多巴胺的失衡，会影响脑部对外界刺激的反应，诸如声音、气味以及看到的景象，进而产生幻觉和妄想。在治疗方面，精神分裂症目前是以药物治疗为主，如果患者能够得到适当的治疗，症状和病程都能够获得有效控制。

抑郁症

抑郁症是一种常见心理疾病，其主要特点是心情抑郁，丧失对事物的兴趣和生活乐趣；缺乏自信，易疲倦，注意力不易集中。抑郁症通常持续时间较长，易复发，会造成患者的躯体功能失调，如睡眠紊乱或食欲减退等，从而影响个人的工作、学习及日常生活。症状严重者悲观绝望、度日如年，并可导致自杀。按照世卫组织提供的数据（2021 年 9 月 13 日），世界上大约有 2.8 亿人患有抑郁症，每年有超过 70 万人自杀身亡。中国抑郁症发病率呈现出逐年上升趋势，全国抑郁症患者超 9500 万（国民抑郁症蓝皮书，2022）。

有研究认为，抑郁症的患病率与地域有关。例如，阳光充足、气候温暖的东南亚、南欧、澳大利亚是抑郁症发病率较低的地区；而气候寒冷、缺少阳光的北欧、俄罗斯、阿富汗等地区则属抑郁症高发区。

轻微的抑郁症患者可不用药物，而中度或重度抑郁症患者则可能需要药物治疗以及更专业的治疗。对于心理及社会原因导致的抑郁症患者，在药物治疗的同时常结合心理治疗。

焦虑症

焦虑症也是一种常见的心理疾病，其主要特点是心情焦虑、不安与恐惧，患者常常对现实生活中的某些事情或将要发生的事情表现出不必要的、过分的担忧，并难以控制。有人将焦虑和恐惧视为是两种完全不同的情绪反应，其中焦虑通常与未来的事物有关，目标或来源往往不明确，而恐惧与当下的事物有关，有明确的目标或来源。而精神医学则把这两类由情绪带来的异常症状归为一个大类：焦虑症，其中包括一些不同的亚类型，如慢性焦虑（广泛性焦虑症）、急性焦虑发作（惊恐发作）、恐怖症、创伤后应激障碍、强迫障碍等几种类型。

广泛性焦虑症患者表现为慢性、过度的、没有现实根据的担忧和紧张。这类患者通常过分担忧自己的健康、经济、家庭、工作和想象中的灾难，很多时候其担忧没有明确的原因或目标。

急性焦虑在发作时，患者会突然出现极度恐惧的心理，体会到濒死感或失控感，同时出现胸闷、心慌、呼吸困难、出汗、全身发抖等身体症状，一般持续几分钟到数小时，而在不发作时，他们和正常人一样。

恐怖症与急性焦虑发作的症状类似，不同之处在于恐怖症的发作是由一些特定的事物、场所或者情境引发，比如空旷或人多拥挤的地方（广场恐怖症）、狭窄场所（幽闭恐怖症、电梯恐怖症）、动物（如蜘蛛、蛇等）、社交场合（社交恐怖症）。

创伤后应激障碍（Post Traumatic Stress Disorder，PTSD）是指人在遭遇或经历过重大打击或创伤性事件（如战争、严重车祸、被罪犯劫持、地震），其心理状态出现失调的后遗症，比如，经常做噩梦、头脑中经常出现记忆的闪回，并有睡眠困难，感觉与人分离和疏远等。这些症状若足够严重并持续时间够久，将会显著损害个人的日常生活。

强迫障碍又叫强迫症，症状是在生活中反复出现强迫观念及强迫行为，使患者感到不安、恐慌或担心。通过某种重复行为有时能让患者的恐慌得到缓解。例如，怕脏而反复洗手、反复检查房门或煤气灶是否关好等。患者知道这样做没有必要，甚至感到痛苦，但无法摆脱。强迫障碍通常起病于青春期或成年早期，也可以发生在儿童期。强迫症在 DSM 的分类中归到焦虑症的大类中，但在 CCMD 中，强迫症是一种神经症。

人格障碍

人格障碍又称为病态人格或异常人格，是指人格发展畸形，患者的认知与行为明显偏离所处的社会文化背景及多数人的认可，导致不能保持和谐的人际关系和难以适应社会生活。常见的人格障碍有偏执型、分裂型、强迫型、表演型、反社会型、焦虑型等。

偏执型人格障碍患者通常敏感多疑，常将他人无意的或友好的行为误解为敌意或轻蔑，对他人怀有过分的警惕和戒备心理，把挫折或失败归咎于他人。

分裂型人格障碍者以社会隔绝和感情疏远为主要特征，缺乏亲密的人际关系，缺乏性兴趣，没有愉快的感受，平淡寡言，孤单不合群。

表演型人格障碍以情绪不稳定为特征，患者常常通过夸张的表情来引起他人注意，说话装腔作势，渴望受到赞赏，举止轻浮，表现出诱惑或挑逗行为，易受他人或环境的影响，以自我为中心，为满足自己的需要不择手段。

反社会型人格障碍的特征是经常发生不符合社会规范的行为，患者在儿童、少年期就开始表现出品行不良的特征，例如，打架斗殴、伤害动物、撒谎、偷窃、毁坏物品等。成年后则表现出违犯社会规范的不良或违法行为，其行为具有高度的冲动性和攻击性，无同情心和羞愧感，无自知之明。

焦虑型人格障碍的特征是回避社交，长期且全面地脱离社会关系，害怕被取笑、嘲弄和羞辱。

人格障碍的治疗非常困难。患者一般不会主动求医，即使就医，疗效也有限，因此要重在预防。儿童期父母的爱心、合理的教养方式以及良好的学习和生活环境可以减少人格障碍的发生。

48

有哪些心理治疗方法？

　　如果一个人出现了心理异常，最好能接受心理咨询或心理治疗。在临床实践中，对于严重的心理或精神异常疾病，药物治疗仍然是主要手段；而程度较轻的心理异常，心理咨询与心理治疗则大有用武之地。如果说心理异常的情形是千奇百怪，心理咨询与心理治疗的理论与方法则是五花八门，比较主流的方法包括：精神分析疗法、行为疗法、认知疗法和人本疗法，这些方法的理论基础就是现代心理学的几大学派，即精神分析学派、行为主义学派、认知学派以及人本主义学派等。

精神分析疗法

在一些影视作品中，一个常见的心理治疗场景是患者半躺在一张舒服的长沙发上，闭着眼睛自由回忆或联想。而治疗师坐在患者头部一侧的一张椅子上，一边倾听和引导患者的谈话或回忆，一边进行记录。这是一种典型的精神分析疗法场景。

精神分析疗法认为，心理障碍源自患者某些幼年时期所遭受的精神创伤，这些创伤体验被压抑在潜意识中，导致某种心理障碍或精神疾患。如果通过内省、自由联想等方法能将这些创伤体验挖掘出来，让焦虑或痛苦的情绪得以发泄，使患者明白其症状的来源，从而改变原来的行为模式，重建人格，就能达到治疗的目的。

精神分析疗法的主要技术包括自由联想、释梦、移情等。自由联想是让患者在轻松、舒适的环境中，就某一话题自由展开联想，如生活爱好、对往事的回忆等。随着话题的展开，患者无意识的闸门不自觉地打开，一些导致情绪困扰的记忆或事件会浮现出来。在自由联想中，有时患者突然出现抗拒的情况，这往往是触及了症结所在。这时治疗者要帮助患者克服其抗拒，引导患者使这些记忆或事件进入意识中，将压抑的情感发泄出来，使症状得以消除。对梦的分析也是精神分析疗法的常用技术。弗洛伊德认为，梦是潜意识中欲望和冲突的显现，对梦加以分析和解释，可发现梦境所象征的真实含义，从而找到解决冲突的办法。

20世纪初，精神分析疗法是心理治疗的主要方法。以后随着行为疗法、认知疗法等心理治疗技术的出现，精神分析疗法的重要性已经日益降低，现在只是众多疗法中的一种。

行为疗法

行为疗法的理论基础包括华生的行为主义理论、斯金纳的新行为主义理论以及班杜拉的社会学习理论。其基本主张是，患者的异常行为是通过学习获得的，因此也可以通过另一种学习来矫正。

以**"系统脱敏"法**为例，如果一个人特别怕老鼠（动物恐惧症），可能是因为以前在与老鼠接触中，在老鼠与恐惧情绪之间建立了条件反射，这种情绪可以通过以下步骤来进行系统脱敏。

放松练习：在一个安静、舒适的房间内，让患者轻松地半躺在沙发上，随着舒缓的音乐做肌肉放松练习，依次从头部、颈部、肩部、手臂、背部、胸部、腹部以及下肢部进行放松练习，要求患者体会到肌肉紧张与肌肉松弛的区别。经过反复练习，使患者可以灵活和随意控制肌肉的放松程度。

想象脱敏：让患者先想象一只小小的、可爱的老鼠，如果患者在想象中感到紧张，就停止想象，并全身放松。之后多次重复想象的过程，直到患者不再对想象中的动物感到焦虑或恐惧。接下来，让患者想象一只中等大小的普通老鼠，并重复上述过程。完成这一阶段的脱敏后，再让患者想象一只更大、样子有些可怕的老鼠。如果不管是哪一种老鼠，都没有造成恐惧或紧张，就进入下一阶段：现实情境的训练。

现实训练：改用真实的老鼠进行训练，开始用小老鼠，从远远的注视，到逐渐接近，到可以用手触摸，逐步放松和脱敏，以不引起强烈的情绪反应为度。之后换成大老鼠，仍按上述步骤进行。

系统脱敏法是通过增加接触和放松训练相结合，从而消除之前建立的异常条件反射，建立起正常的条件反射，从而达到治疗的目的。系统脱敏法可以用于各种恐怖症，如广场恐怖症、社交恐怖症的治疗。

除了系统脱敏法，常用的行为疗法还有厌恶疗法、代币法等，都是根据条件反射原理，用奖励方法强化所期望的行为，用惩罚消除不需要的行为而达到治疗目的。根据观察学习的原理，心理咨询师也使用替代学习治疗的方法，让患者学习他人的榜样与示范，以替代旧的行为模式。

认知疗法

认知疗法是根据认知过程可以影响情感和行为的理论假设，通过认知学习和行为技术，改变病人的错误信念和情绪，进而纠正其行为的一类方法。认知疗法认为，不管行为还是情绪，都源自个人对情景的认知评价，因此，人的心理、情绪或行为方面的问题都可以归结为认知的问题。比如，一个人因恐惧或逃避心理所产生的社交恐惧，是来自对自身及社会交往的一些不合理的想法和信念：对方肯定会看不起自己，或自己在社交场合肯定会出错等。咨询师通常会将认知技术与行为技术结合使用，通过改变来访者的不合理认知和信念，消除相应的心理或行为问题。认知疗法有很多种，比较常见的有认知行为疗法（CBT）和理性情绪疗法（REBT）。认知疗法是在行为疗法的基础上发展起来的，适应面更广，前景更广阔，可用于治疗多种心理行为问题。

认知疗法比较适合那些心态积极，具有较强的理解能力和领悟能力，并善于付诸行动的来访者。对于那些理解能力弱，拒绝为改变自己信念而努力，或过分偏执以及领悟困难者可能难以奏效。此外，认知疗法对于精神分裂症、自闭症等也很难有好的疗效。

人本主义疗法

心理学家马斯洛与罗杰斯等人创立了人本主义心理疗法。他们认为，人除了具有生物本能的需求外，还具有高层次的心理需求，如实现自我价值或发挥创造潜能等，心理治疗就是要实现对人的价值和尊严的关心。这类疗法有存在主义疗法、完形疗法和现实疗法等，其中比较有代表性的是罗杰斯（1942）的以来访者为中心的疗法。

以来访者为中心的疗法（client-centered），又称非指导性心理疗法，源于人本主义的心理学理论，认为心理异常的原因是患者缺乏自知，不能正确认识当前环境，拒绝感受当时的情感体验而产生病态焦虑。因此，治疗的目标是让来访者进行自我探索，了解与自我相一致的恰当的情感，靠自己本身的力量来治疗自己存在的问题。

在这种疗法中，治疗师在会谈时不以权威专家身份去分析解释，而是以朋友身份鼓励来访者发泄内心的情感，不做任何评价。在会谈过程中少提问，不解释，无条件地关心对方，使之感到温暖与真诚，让来访者没有顾忌地畅所欲言，并逐渐从消极被动的防御性情感中解脱出来，不再依靠别人的评价来判断自己的价值。该治疗方法认为，来访者都有自我实现的健康态度。来访者一旦认识到自己问题的实质，就能发挥出自我调节和适应环境的潜在能力，改善人际关系，达到治疗目的。

上面我们介绍了治疗心理异常的几种常见方法，事实上，心理学家所使用的方法并不限于这几种，一些其他的方法在实践中也很常见，如箱庭疗法（沙盘游戏）、团体治疗、家庭治疗等。有趣的是，这些不同的疗法在理论基础和操作方法上迥然不同，却在实践中证明都有一定的效果（当然，不同疗法所适用的心理障碍或异常的类型也不尽相同），这或许反映了心理系统本身的复杂性。另外，不同疗法各有其优点和长处。在心理治疗中，如果能充分利用不同方法的特点，综合使用多种方法开展心理治疗，效果可能更好。例如，采用以人为中心的治疗技术收集资料，建立良好的、相互信任的诊疗关系，运用心理分析疗法发现问题的根源，运用认知疗法发现并改变其非理性信念或不良思维模式，通过行为疗法克服某些行为症状，达到最佳效果。

彭聃龄 教授

丁国盛 教授

精神科医生和心理学家有什么区别？

抑郁症、焦虑症等精神疾病似乎离我们的生活越来越近了，心理学真的能解决这些问题吗？

丁老师说

　　心理学能不能解决抑郁、焦虑、失眠等问题？从某种程度上来讲，心理学能够提供一定的帮助。有些人通过心理咨询、心理治疗就能够康复了，但是我们不能说完全解决了这些问题，就像一个人去医院看病，有时候吃了药就好了，但是有一些病，医院也暂时没有办法治愈。如果医院可以治好所有的疾病，那这世界上所有人都能长寿了。

　　这其中的道理其实是差不多的，心理咨询和心理治疗发展了这么多年，针对特定的抑郁症、焦虑症是能够发挥作用的。但是不能说只要有心理问题，心理学就一定都能解决。一方面心理治疗或者心理咨询能够发挥作用，还依赖于一定条件。比如病人自己愿意改变，有的人尽管去看了心理医生，但是他本人并不想改变，或者说他没有真正地从行动上做出改变，这种的效果可能就比较一般，或者说可能没有什么效果。

另一方面，心理咨询或者心理治疗是有一定的适用范围的。当一个人的心理问题或者精神问题严重到一定程度之后，心理咨询或治疗就没有办法提供帮助了。心理学家的工作以研究为主，解决心理问题更多地要依靠心理咨询师或者心理治疗师，这两者有什么区别，我们一会儿再说。心理或者精神方面的问题，严重到一定程度，心理医生就解决不了了，得求助精神科医生。

判断严重程度的界限在哪儿呢？这个线其实挺模糊的，有人说可以用一个简单的方法来判断，当然这个方法不是严格的标准，只是可以协助判断。

如果是心理层面的问题，病人自己是能够觉察、评判自己的行为的；如果是精神方面的问题，病人没有办法评判自己的行为，这是一个非常简单的判断标准，但是这个标准只能用来辅助判断。

也就是说当一个人觉得自己遇到了困难，觉得需要改变时，心理咨询是可以提供帮助的，但是他自己根本意识不到自己有任何问题，而实际上在别人看来已经有非常大的问题了，这种心理咨询就不一定能够提供帮助了，得求助于精神科医生，这是一个简单的不同。

另外可能还存在一个比较普遍的问题。很多人觉得自己好像心理有问题，但实际上从心理咨询师的角度来看，其实他很正常。比如说遇到不开心的事情，心情不好或是有问题，这其实都很正常。这可能也需要心理咨询师通过访谈先了解情况，之后再做辅助的判断。

总之，有些人在心理方面遇到了问题，心理学是可以提供帮助的，如果是比较轻的问题的话，这种帮助能让他恢复正常；如果是比较重的问题，但是恰好能够对症的话，也能恢复正常，但这并不是一种必然的结果，可能只是缓解了症状，但并没有解决问题；而更严重的甚至我们称之为精神疾病的问题，心理学基本上就很难发挥作用了，得请精神科医生来协助处理了。

刚才提到了精神科医生、心理医生或者心理咨询师，其实心理咨询和心理治疗是有区别的，是两个概念。精神科医生和心理医生到底有什么区别？在我看来可以从两个角度来看待这个问题。

在存在心理问题或者精神问题的群体里面，心理医生和精神科医生都会和他们产生交集，但差别是，两种医生对心理或精神出现问题的假设不一样。心理学的假设是人的心理是对世界的反应，在这个过程中会出现困难或者问题，这些问题通过心理学的方法可以进行调节，像认知疗法、情绪疗法等，通过这些方式能够帮助人解决心理的问题。

但精神病学隶属于医学，对同一群体的同一类现象，精神科医生则认为是一种病，是病就会有特别的病因——往往是身体或者精神层面的，他们往往认为这和脑的器质性的问题有关联，所以精神病医生的主要方法是吃药，通过给病人开药解决问题。

所以，精神病医生和心理医生即使面对同样的症状、同样的人，他们背后的假设，即对"到底原因是什么、出现了什么问题"的理解也是不太一样的，这是理解层面的区别。

但这并不是说所有的心理问题都是精神问题，所有的精神问题也都是心理问题，它们之间有重叠，但还有各自特异的东西。在"心理问题层面"，比较轻的症状表现在患者没有特别的感觉，他们在生活中可以进行自我调节，对自己的问题还有比较清醒、清晰的认识，也能对此有所评判，觉得自己需要求助等。而精神问题更深层且更严重，特别是自我的评判，精神疾病通常伴随着自我评判能力的严重下降或者彻底丧失，患者不知道自己其实是有问题了。

对于心理层面的问题，通过访谈等语言的技术，借助心理咨询或者心理治疗的技术是可以帮助患者康复的。但如果到了精神层面的问题的话，心理的技术往往就没有特别好的效果了。

刚才也讲了，并没有一条线可以划定，这边是心理问题，另一边是精神问题，而且它们有相当一部分是重叠的。比如说抑郁症，可以通过认知疗法、行为疗法等去缓解它，同样通过药物也可以去缓解它。也就是说，它们中间并没有一条线，是心理问题还是精神问题，确实在概念上就挺难区分的。

回到这个问题：精神科医生和心理医生，还有心理学家有什么区别？

如果单纯从教育背景上讲，就很容易区分。精神科医生一般肯定接受了医生的训练，来自医学系统；而心理医生、心理咨询师或者心理学家，则是有心理学的教育背景。

另外一个区别是，心理学家不能开药。在帮助患者进行治疗的过程中，精神病医生是有处方权的，他是可以开药的，但心理医生或者心理学家没有这个资格，是开不了药的。这也可以作为一种辅助判断方法。

刚才我们还提到了心理咨询和心理治疗的区别，有时候也有人会对它们做出区分，这样的区分也是从问题程度上来区分的。心理咨询更多通过谈话解决心理上的困扰，一般解决人际关系、情绪等程度比较轻的问题；但是心理治疗就针对更加严重的情况，"心理治疗"和"精神治疗"这两个词的界限很模糊。

我理解"治疗"这个词，本身已经把问题看成是病了。从"治疗"这个说法来讲，心理治疗和精神病治疗背后的假设就是把它看成是一种病。但是在我看来，精神病治疗和心理治疗也有程度上的不同，凡是说"心理的"就比精神的问题更浅、更表面；精神的问题则更深，与脑等器质性问题的关联性更强。

这些概念可能不同的人理解起来也不完全一样。即使是做这个领域的人，对这些概念的使用可能也没有特别清晰的界定。加上我对这个领域也不是特别的熟悉，越到心理咨询、心理治疗的领域，就越没底气。隔行如隔山，心理学里面也有不同的行，我主要做认知研究、语言研究，与心理咨询比较远，就先说这些。

　　我先从后一个问题谈起，精神科医生和咨询心理学家有怎样的区别呢？因为这个问题关系到大众对心理学的一种误解：心理咨询是一种怎样的工作。

　　心理咨询面对的是正常人群，这些人群存在发展和适应问题。他们是心理学家，但从事心理咨询工作。所谓发展和适应障碍是指人际关系的障碍、学业障碍、升学和就职障碍、婚姻和家庭障碍等。不同年龄阶段和不同人群的"适应和发展"的问题也不尽相同。他们使用的方法基本上是心理学的测试手段、行为调节和认知调节等。这些人不是医生，因而没有处方权，不能使用精神病药物等。

　　而精神科医生属于医学范畴，他们面对的是精神病人、抑郁症患者、精神上受到严重打击的人。他们之所以成为病人或患者，是因为他们患有人格障碍、行为障碍、身心疾病等心理疾病，需要接受医学的治疗。给这些人提供帮助的是精神科医生，这是经过医学训练的人，有处方权。这是最基本的区别。当然，有些从事心理咨询的心理学家经过医学训练也能从事精神病医生的工作，也有处方权。

　　一方面有人误解了，以为心理咨询就是心理学家，心理学家的工作就是搞心理咨询，不知道心理学除了心理咨询外，还有许多领域。心理咨询只是心理学中的一个领域，而且是一个不大的领域；另一方面就是把心理咨询当成了精神科医生，谁去做了心理咨询，就以为他得了精神病。其实接受心理咨询的人群是正常

人，他们只是因为发展和适应的障碍接受了"心理"的咨询罢了。例如有些学生，各方面都很正常，但由于"发展"障碍出现了"自我伤害"、攻击行为、抑郁、睡眠问题等，需要接受心理咨询，他们和精神病患者是不一样的。

近几年一些人出现了适应和发展的问题，因而接受心理咨询的人数有增加的趋势。减少人际交往，或身处狭小的空间，增加了人的孤独、自闭的问题，使人的心理受到伤害，造成了各种心理障碍。因此，寻找心理咨询的人数增加了，抑郁症、焦虑症等精神疾病离我们的生活越来越近了，所讲的大概就是指这些情况。

同时，投身心理咨询的咨询师也增加了。我的老朋友原来都是基础研究的好手，几年不见，问他们现在在干什么？回答是做心理咨询。也有新近参加工作的人，问他们现在做什么？回答也是做心理咨询。有人还因为心理咨询成了部门负责人，有人因为心理咨询得了奖，成了某某省最美丽十大教师。在新近召开的"心理学专业高校本科生2022年创新创业论坛"上，也有不少学生贡献了自己的智慧，开展了心理咨询的研究（如学生自伤行为）。总之，人们对自己的心理健康越来越关心，对原来从事基础研究的人选择了心理咨询的研究，应该是欢迎的。

幸福感

49

积极心理学是"打鸡血"吗？

随着心理学的发展，如何理解和正面促进心理健康开始得到更多关注。特别是进入 21 世纪后，一股新的思潮——**积极心理学**——正在兴起。积极心理学重在研究人类的积极心理品质、关注对人类的健康幸福与和谐发展的促进，因而不同于传统的、以心理异常为主要研究对象的"消极心理学"。

传统的心理咨询与治疗是消除或减轻心理中的消极层面，如心理异常或心理疾病的角度来促进心理健康，而积极心理学则是通过关注和提升心理中的积极层面，如幸福、快乐等积极情绪，乐观、向上等积极人格特征等，促进人的心理健康。积极心理学不是"打鸡血"，不是通过某种便捷方法或技术达到让人实现精神亢奋或幸福的目标，而是探索人类养成积极心理品质、获得幸福体验的基本规律和内在机制，并促进这些品质的养成和幸福的获得。积极心理学为心理学的发展注入了新的活力，带动心理学的众多研究领域转向人的积极层面，成为心理学研究的新热点。

积极心理学的兴起与人本主义有关。马斯洛在其名著《动机与人格》（1957）一书中就提出了"积极心理学"的研究方向，但当时没有引起心理学界的充分响应。1998年，马丁·塞利格曼（Martin Seligman）在美国心理学学会（APA）年会上明确提出21世纪心理学发展的一个重点是建立和推动积极心理学的发展，并在2000年1月发表了论文《积极心理学导论》，这场运动才轰轰烈烈地开展起来。塞利格曼也因此获得了"积极心理学之父"的称号。

人们通常认为，财富会带来幸福和快乐。一项研究调查了福布斯排行榜中最有钱的100位美国人，发现他们仅比一般美国人多一点点快乐，而且还有一些人感到非常不快乐。可见金钱并不是带来幸福感的最重要的因素。对快乐的和不快乐的人进行比较，会发现他们在认知、判断、动机和策略上都存在差异。快乐的人与那些不快乐的人相比，对社会性比较信息，如社会地位、收入、职称等方面的差别显得迟钝些（Lyubomirsky S.，2001）。另外，人格特质也是影响幸福感的一个重要因素。以自我决定性为例，自我决定性是指个体对自己的发展能做出某种合适的选择并加以坚持，具有这一特质的人更容易体验到幸福。而塞利格曼在其著作《持续的幸福》一书中提出，构建幸福的人生有5个要素（PERMA），分别是：积极快乐的情绪（positive emotion）、沉浸其中的投入（engagement）、美好的人际关系（relationships）、有意义和目的的事情（meaning and purpose）、有收获和成就的感受（accomplishment）。

能体验到幸福和快乐、胜任工作和富有创造力是心理健康的重要指标。如今，人们越来越意识到心理健康与身体健康同样重要，甚至更重要。世界卫生组织（WHO）提出的健康定义是：所谓健康，不仅仅是不患病，还应包括心理健康以及社会交往方面的健康。健康的心理不仅是个人幸福的基础，也是社会和谐和进步的保证。如何维护心理健康、预防心理疾病、发挥心理潜能、成就幸福人生不仅是心理学，也是精神医学、神经科学、宗教、哲学等多种学科共同关注的问题。期待科学的发展和科技的进步可以使人们心理更健康、生活更幸福！

50

人在什么时候最幸福?

　　人什么时候最幸福?匈牙利裔美国心理学家米哈里·契克森米哈(Mihaly Csikszentmihalyi)认为,人在**心流(Flow)**体验中最幸福。心流有很多其他译法,包括福流、福乐、沉浸体验等,是指一种对当前任务或活动完全投入并沉浸其中,同时伴有高度的兴奋及充实感的心理体验。艺术家完全沉浸于一幅艺术作品的创作时,科学家全神贯注地做一项科学实验时,高水平运动员一气呵成完成一连串高难度动作时,电竞游戏者心无旁骛与竞争对手展开激烈对抗时,乐器演奏者行云流水与乐器合二为一时,他们身处的便是一种"心流"的状态。在"心流"体验中,人们完全意识不到时间的流逝和环境的变化,处于一种忘我或无我的状态。通常,人们在从事有一定挑战,但自己非常喜欢并擅长的活动时,就容易体验到"心流"，包括阅读、写作、玩游戏、各种运动活动等。

"心流"是一种高度专注的状态，人的心神高度专一，与当前的活动融为一体，因此也无暇反思自己处于何种状态。通常是人们从"心流"状态出来后，才意识到刚才所处的状态有些不同寻常。"心流"体验的状态也往往是可遇不可求，当人们刻意想去寻找这种体验时，反而更不容易进入"心流"状态。就像人们常说的："幸福就像一只蝴蝶，当你追逐它时，它难以到手。但是，当你安静坐下时，它却会降落到你身上。"

人们处于"心流"状态的特点是全情投入、全神贯注、全然忘我和乐在其中。具体来说，有以下 7 个特征。

（1）完全沉浸。注意力高度集中，全然投入和全神贯注。

（2）欣悦沉醉。感受到不同寻常的、全身心的喜悦与欣快。

（3）意识清晰。对活动的目标、当前的状态、需要的步骤及如何完成等清晰明了，也清楚知道自己该如何做去实现目标。

（4）胜任感。尽管活动有挑战，但相信自己完全能够胜任。

（5）平静感。没有丝毫担心、焦虑和不安情绪，基本生理需求被暂时屏蔽，也感受不到与活动无关的其他信息的干扰，进入一种废寝忘食的状态。

（6）感觉不到时间流逝。由于过于专注于活动，感觉不到时间流逝。即使活动持续了很久，也觉得只是一会儿。

（7）内部驱动。从事该活动不是单纯完成一件任务，而是源自内心的渴望和内在动力，并期待达成某个目标。在完成活动中不需要刻意地付出努力，一切如行云流水，自然的发生、发展，同时个人的所有能力被发挥到极致，使活动或作品充满了生动性和创造性。

"心流"能够带给人们积极的情绪体验，提升人的"自我效能感"和自我价值感，并能够促进同事之间的关系，在人际互动中更愿意互相协作。研究发现，在特定活动中拥有高超的技能，并愿意接受挑战的人，更容易在相关活动中体验到"心流"；同时，较少关注自我，自我意识较弱，同时情绪稳定性高的人，更容易体验到"心流"；责任心强，做事更专注的人，更容易体验到"心流"；自主性和能动性高，愿意主动探索不同事情，并有明确目标的人，更容易体验到"心流"。

彭聃龄 教授

丁国盛 教授

学习心理学会提升幸福感吗？

　　我只说说自己的看法。首先是幸福的标准，我认为幸福的标准只能从内在的感受来定义，一个人即使别人觉得他应该很幸福，也不代表他一定就幸福。

· · · · · ·

丁老师说

· · · · · ·

　　我们通常会觉得一个人功成名就，什么都有了，他会幸福，但恰恰很多人有钱有权，但是并不幸福。还有些人，别人觉得他们应该日子很难，像有些比较辛苦的打工人，可能生活条件并不好，但是会感觉自己挺幸福的。

　　所以幸福的标准来自内在，它并不由外在的尺度来衡量。成功也好，财富也好，这些名利以及占有的资源都不能定义幸福，幸福只能靠自己内心的感受。就像那句俗语所说，"鞋子舒不舒服，只有脚知道。"这是对幸福标准的回答。

这里面还有一个相关联的问题，即到底幸福是由什么来决定的？之前在网上特别流行的一篇文章叫《幸福的密码》。里面讲述了一个关于幸福的研究。

哥伦比亚大学哲学系博士霍华德·金森做了一个调查，想要看看什么东西能够决定幸福。他从 5000 多人里面选取了 121 个人，这些人自称非常幸福。他发现有两组人非常幸福，第一组是淡泊宁静的平凡人，诸葛亮曾说，"淡泊以明志，宁静以致远"，大概类似于这样一种心态；另外一组人是功成名就的杰出者。于是霍华德当时就做出了一个结论，这个世界上有两种人最幸福：一种是淡泊名利的人，另一种是很成功的人。

过了 20 多年，他突然想起这个研究，想知道当年调查的那些人到底怎么样了？他就对当年那些非常幸福的两组人做了一个回访调查。

首先第一组的人，有两个已经去世了，只有 69 个人参与了第二次调查。结果发现，这 69 人仍然很幸福。然后他又去调查了当时 50 个事业上很成功的人，结果他们的幸福感发生了巨大的变化：仅有 9 人事业一帆风顺，仍然坚持的当年的选择——"非常幸福"；23 人选择了"一般"；有 16 人因为事业受挫，或破产或降职，选择了"痛苦"；另有 2 人选择了"非常痛苦"。

因此，霍华德得出结论，实际上真正比较可靠的幸福的源泉肯定不是来自外在，一定是来自内在。所以将幸福寄托于成功，寄托于财富，寄托于这些外在的名望，往往是不牢靠的。

真正的幸福是来自内在的、不受外物影响的品质，但这种品质到底是什么？就很值得思考了。

那么，究竟什么样的品质更容易让人产生幸福感？

我来猜测的话，如果一个人有一种内在的慈悲的心理，就像做事情不是根据自己的得失来做判断，而是对世间拥有大我的情怀，往往对个人的得失就不会特别计较，这种人可能就比较容易会有一种幸福感。

另外如果一个人的内心处于一种和谐稳定的状态，也就是他内心没有太多的冲突，遇到生活中的各种事情，他能够很容易化解，那么这种人可能也是会幸福的。

那么，学心理学能否提升幸福感？我觉得是可能的，但不一定。有的人学了心理学真的是幸福感提升了，但是不代表你学了就一定会提升幸福感。

这个事情能不能发生，其实有很大的个体差异。单纯从理论上来说"怎么提升幸福"，就好像站在岸上大谈怎么学习游泳，如果没有一种生活的体验，没有理论和实践结合，这种心理学的理论学习基本上是不起作用的。

所以一个人真的想提升幸福感，他一定是把心理学的知识技能应用到实践中，而且还要不断地去思考体会，然后不断地练习，这样才有可能会带来幸福感的提升。

学习心理学如何提升幸福感，首先，我觉得是一种内在觉察力的提升，即当你的情绪有变化的时候，你能很快觉察到，这个很重要。实际上人在情绪的状态中，往往觉察力是会下降的，也就是说一个人在发怒生气或者痛苦的时候，他对自身和外界的觉察都会下降。心理学有这样一种技术，当有情绪的时候，你来观察这个情绪，去体验这个情绪，看看这个情绪到底从哪来。

当你的意识聚焦在情绪上的时候，这个情绪反而会消散掉，就像阳光照到乌云上，乌云就会散掉。

之前我也一直在思考一个问题，为什么精神分析会有解梦或自由联想这样的方法？为什么解决一些潜意识里的东西时，要复现那个场景？也许当你体验了那个场景，能够去观察它，再去重新体验它，人在那个时刻的情绪就能够释放掉。

很早之前我就觉得这个技术很神奇，后来我慢慢意识到，这其实是意识的作用。人的意识其实非常神奇，当意识的一束光照过来的时候，就能够把一些负面情绪给消散掉。

基于此，我认为觉察力的练习是可以提升人的幸福感的。其实这一点和现在心理学经常用的正念冥想方法很像。正念冥想能够提升幸福感，这是在很多的研究中被反复证实的。这背后的其中一个原理就是不加评判地去觉察当前发生的事情。

另外一个方法，不一定有科学依据，但是我自己的一个想法。有人曾经写过一本书叫《一念之转》，我觉得挺受启发的。我们很多时候对事情的判断其实都是我们的观念在起作用，而当我们的观念变了，可能对事情的解释就变了。

举一个例子，之前我在国外的时候会偶尔参加当地朋友的一些聚会。有一次聚会上一个朋友分享了他的人生故事。他说他有一次发生意外，受伤了，非常严重，躺在床上动不了，变得非常虚弱，后来行动也非常不便。像我们一般人遇到这种事情，都会很沮丧，对吧？

　　但他当时的心情是非常感恩的，感恩的原因是他觉得这个事情的发生实际上是一种天意，他觉得这是上天给他的一种提醒，提醒他之前的生活方式需要改变，可能之前他专注于工作赚钱，忽视了对自己关照，而通过这样的一个事件，他可以静下来去反思，去改变自己原先的一种生活方式，所以他对这件事情充满了感恩。在这种心情下，他逐渐康复了。

　　我觉得这是一个非常典型的例子，当一些意外、一些不幸的事件发生在我们身上的时候，一般人就会产生一些负面的情绪，可能抱怨命运，但实际上也存在着另外的一种解释框架，即这些不幸可能其实是对我们的一种提醒，需要做出一些改变了。同样一件事情，在不同的解释框架下，用不同的方式去阐释意义的时候，它带给我们的情绪就会截然不同，而这样的一种累积就会改变幸福感。

　　还有第三点提升幸福感的方式，即恰恰当你忘掉或者不去刻意追求幸福的时候，也许幸福就会来到你身边。有人举例子说幸福就像一只蝴蝶，你去追着它的时候，往往追不上，当你静下来，不去想这个事，幸福反而会落在你身上，我觉得这个例子也很有意思。

　　幸福是这样的一种感受，其实它和我们平时理解的"我很高兴"的状态并不完全一样，真正能够持久的幸福恰恰不是那种大喜大悲的变化，而是非常温和、非常平淡，不是喜极而泣那样很极端的情绪，而更可能是来自内心的一种温和的、持久的状态，我觉得这种幸福才是真正能持久的幸福。

　　因为情绪有时候像荡秋千一样，大喜之后往往就是大悲，它有一种平衡。一个人非常兴奋之后，往往会有失落或沮丧的情绪，就像参加聚会，聚会结束第二天就常有失落和伤感。人的情绪状态有一种内在平衡。像吸毒会获得一种很强的快感，但我们一般也不会说吸毒的人就幸福，因为吸毒之后，就会跌到一个深渊里面，必须要更强的刺激才能找到那种快乐的感觉，就像一个无底洞让人越陷越深。

所以说大悲大喜的状态并不是幸福。如果有些想追求幸福的人，却通过吸毒来寻找幸福的体验，结果反而丧失了幸福的机会。所以怎么提升幸福？恰恰是你忘掉提升幸福的念头的时候，可能你已经在幸福中了。

彭老师说

幸福感是人的一种感受，不同人对幸福的感受不同，同一个人在不同时间对幸福的感受也不同。一些人在一件事情上觉得很幸福，在另一件事情上又觉得不幸福，甚至痛苦。这种心理上的变化是最难琢磨的。

曾经有人将幸福感与财富划等号，认为有钱就幸福，这种看法早就被人抛弃了。财富不直接决定人的幸福感受，不是说财富越多越幸福，越有钱越幸福。对幸福的感受取决于某些基本欲望是否得到适当满足，这包括对物质财富的欲望和精神财富的欲望，如食、宿、爱情、家庭、娱乐享受、社会地位和权力的欲望，等等。这些欲望能基本得到满足，就觉得幸福，反之就觉得不幸福，甚至痛苦。俗话说，"知足常乐"，就是说，对普通人来说，只要上述这些欲望能得到基本满足，他们就高兴了。有些人欲望太高、太大，贪得无厌，结果走上了犯罪道路。在谋取个人欲望的过程中，他们恐惧，怕被人发现，忧心忡忡，早离幸福感十万八千里，谈不上有什么真正的幸福感可言。这我们从一些贪腐官员的追悔中时常可见。

有人将人们的幸福感看成是衡量一个社会的标准。记得几年前我在一位朋友家读到读不丹首相廷莱著《幸福是什么》，2013 年出版的。他认为现在大家只关心物质财富的生产，只把 GDP 当成国家发展的目标，结果造成对资源的过度开采，"滥用我们的地球"。相反，他认为，幸福感或幸福力（Gross National Happiness，GNH）应该成为我们发展过程的目标，而不是 GDP。幸福感的基础是：人会寻求幸福快乐，这是每个公民唯一且最热烈的渴望。

根据 2010 年福布斯的一项关于各国幸福指数的调查显示，在 155 个国家中，丹麦居首位。丹麦位于北欧，面积 4.3 万多平方公里，560 多万人口，经济高度发达，贫富差距极小，国民拥有很高的生活水平，丹麦还有着非常优渥的福利政策。丹麦经济是一个完全现代化的市场经济体，但又带有浓厚的社会主义色彩，一般收入者的个人所得税率超过 50%，拥有高科技农业、现代的小规模企业化工业、宽松的政府福利制度、舒适的生活水平、稳定的货币以及对国际贸易的高度依赖。它享有排名第一的位置并不是偶然的。

至于说学了心理学是否有助于帮助人们提高自己的幸福感？有一些研究的确和人的幸福感有关，丁老师已经有所介绍。但我想，心理学不是决定人是否拥有幸福感的原因。提高人的幸福感最重要的还是不断增加社会财富，让人民享有这些财富，并且帮助人民适当控制对财富的愿望，在后面这个方面心理学是可以有所作为的。

拓展读物

对于想了解更多心理学知识的读者，可以进一步阅读下面这些书籍。这些书籍适合于心理学的初学者阅读，因而也可以叫"入门读物"。其中有的是"美国名校学生最喜爱的心理学教材"，如《心理学入门》，它具有科学性和通俗性相结合的特点；有的是心理学百科全书式的读物，如《心理百科》，从中可以了解到心理学的发展历程和学科的诸多侧面；有的是专著，如《21世纪心理科学与脑科学》《积极心理学（第二版）》《动机和人格》《乌合之众：大众心理研究》《爱情心理学》，读者可以直接面对某些著名的心理学家，了解他们的开创性工作；有的是心理学科普读物，如《心理科学之门》《你不可不知的50个脑科学知识》等。阅读这些书，不仅可以获取心理学的基本知识，还可以学习心理学家的工作精神，掌握学习心理学的基本方法，从而为自己"走进心理学"奠定基础。

[1] 阿曼达·阿尔本著.心理科学之门.徐展,译.北京:人民邮电出版社,2011.

[2] DK出版社.心理百科.肖玥,译.北京:电子工业出版社出版,2013.

[3] 切尔莱丽,怀特著.心理学入门.张智勇,等译.北京:机械工业出版社,2016.

[4] 卡尔著.积极心理学(第二版):有关幸福和人类优势的科学.丁丹,等译.北京:中国轻工业出版社,2013.

[5] 康斯坦迪著.你不可不知的50个脑科学知识.邢妍,译.北京:人民邮电出版社,2014.

[6] 科赫著.意识与脑:一个还原论者的浪漫自白.李恒威,安晖,译.北京:机械工业出版社,2015.

[7] 罗伯特·斯滕伯格,凯琳·斯滕伯格著.爱情心理学,李朝旭,等译.北京:世界图书出版社,2010.

[8] 罗伯特·索尔索著.21世纪心理科学与脑科学.朱滢,等译.北京:北京大学出版社,2002.

[9] 马斯洛著.动机和人格,许金声,译.北京:中国人民大学出版社,2007.

[10] 勒庞著.乌合之众:大众心理研究.冯克利,译.北京:中央编译出版社,2004.

内 容 提 要

　　在大众眼中，心理学可能是最神秘，也是受误解最多的学科。再深奥的学科也需要"重要且有趣"的表达。中国著名心理学家、百万级畅销教材作者彭聃龄先生与同为心理学家的丁国盛教授，一老一青用对话的方式与大家聊聊心理学的方方面面。历经数年修订，精选学科最核心的 50 个问题、生活热搜的 25 个话题，以心理学的边界厘清误区，用科学的方式理解人心，是一本让所有人都看得懂、令从业者有启发的心理好书。

图书在版编目（CIP）数据

　　向心理学家提问：心理学研究什么？心理学家在做什么？/ 彭聃龄，丁国盛著． -- 北京：中国纺织出版社有限公司，2023.4

　　ISBN 978-7-5229-0226-5

　　Ⅰ.①向…　Ⅱ.①彭…　②丁…　Ⅲ.①心理学　Ⅳ.①B84

　　中国版本图书馆CIP数据核字（2022）第253775号

责任编辑：关雪菁　王　羽　　　责任校对：高　涵
责任印制：王艳丽

中国纺织出版社有限公司出版发行
地址：北京市朝阳区百子湾东里 A407 号楼　邮政编码：100124
销售电话：010—67004422　传真：010—87155801
http://www.c-textilep.com
中国纺织出版社天猫旗舰店
官方微博 http://weibo.com/2119887771
北京华联印刷有限公司印刷　各地新华书店经销
2023 年 4 月第 1 版第 1 次印刷
开本：787×1092　1/16　印张：25.5
字数：223 千字　定价：89.90 元

凡购本书，如有缺页、倒页、脱页，由本社图书营销中心调换